Arminius.

Arminius.

Auf Grund der Quellen dargestellt

von

Otto Kemmer.

Leipzig,
Verlag von Duncker & Humblot.
1893.

Alle Rechte vorbehalten.

Inhaltsverzeichnis.

		Seite
	Einleitung	1
I.	Arminius' Jugend	9
II.	Deutschlands Erhebung	18
III.	Die Varusschlacht	25
IV.	Arminius und Germanicus	40
V.	Arminius und Thusnelda	49
VI.	Die Idistavisoschlacht	56
VII.	Arminius und Marbod	64
VIII.	Arminius' Tod	69

Einleitung.

In den Jahren, da unsere Zeitrechnung beginnt, als schon die Grenze an der oberen Donau gegen das Vordringen der Germanen nach Süden gesichert erschien, hatte sich der Rhein längst als eine ungenügende Schutzwehr erwiesen. Fast ein halbes Jahrhundert später, als die Cimbern und Teutonen, drangen auch die Sueven gegen Gallien vor. Ihr König Ariovist, durch die Parteikämpfe der Gallier in das Land gerufen[1], mußte von Julius Cäsar in der blutigen Schlacht bei Vesontio[2] über den Rhein zurückgeworfen werden[3]. Einige Jahre darauf, i. J. 55 n. Chr., fand dann Cäsar Gelegenheit, die germanischen Völkerstämme, welche sich auf dem linken Ufer des Niederrheins angesiedelt hatten, die Überlegenheit römischer Waffen fühlen zu lassen. Diese Stämme waren die Usipeter und Tencterer[4]. Von

---

[1] Caes. bell. gall. I, 31.
[2] Caes. bell. gall. I, 38: Vesontionem, quod est oppidum maximum Sequanorum, am Dubisflusse, heutzutage Besançon am Doubs.
[3] Caes. bell. gall. I, 38—53. Ein anderer Bericht über die Schlacht bei Vesontio, der wegen seiner anschaulichen Schilderung auf Angaben eines Augenzeugen zurückzuführen sein dürfte, findet sich bei Dio Cass. 38, 48—50.
[4] Die Orthographie dieses Namens schwankt, wie die vieler anderer. Gegenüber der Schreibweise Tenchtherer und Tenchterer scheint Tencterer die richtigere zu sein. Beide Stämme wohnten urspr. im heutigen Königreiche Sachsen und den reussischen Landen.

den Sueven mehrere Jahre hindurch gedrängt, zogen sie drei Jahre lang unstät in Germanien umher, bis sie sich endlich zum Übergang über den Rhein entschlossen[1]. Die Menapier suchten sie daran zu hindern, wurden aber überlistet und mußten die Heimatlosen aufnehmen[2]. Gesandtschaften von verschiedenen Stämmen luden aus Haß gegen die römische Herrschaft die Germanen ein, tiefer ins Land zu kommen, was auch geschah; doch setzte Cäsar ihnen hier ein Ziel. Er schlug die Gefahr, welche in diesem Herandrängen der Germanen lag, überaus hoch an, sonst würde er nicht zu einem Mittel gegriffen haben, das den Ruhm seiner Thaten häßlich zu beflecken nur zu geeignet ist[3]. Nachdem er die abgesandten Häuptlinge hatte gefangensetzen lassen, überfiel er das führerlose, sorglose Volk und trieb nach einer grauenvollen Niedermetzelung die Überreste über den Rhein zurück[4]. Ein Teil der Reiterei der Usipeter und Tencterer, welcher sich während des Überfalls auf einem Streifzuge jenseits der Maas befand und dadurch dem Blutbade entgangen war, rettete sich zu den Sigambrern[5]. Als Cäsar ihre Auslieferung verlangte, erhielt er eine stolze, abschlägige Antwort[6]. Durch die befreundeten und von den Sueven bedrängten Ubier[7] wurde Cäsar in seinem Vorhaben den Rhein zu überschreiten bestärkt.

---

[1] Caes. bell. gall. IV, 1. 4.

[2] Caes. bell. gall. IV, 4.

[3] Der Darstellung, welche sehr vorsichtig und kunstreich gehalten das Urteil irreführen soll, hat er den Namen des „germanischen Krieges" gegeben. Caes. bell. gall. IV, 16.

[4] Caes. bell. gall. IV, 13—15.

[5] Caes. bell. gall. IV, 16. Nach v. Göler überfiel Cäsar die Germanen auf dem sog. Mayenfelde in der Nähe von Coblenz. Statt der Lesart Mosae in den codd. verlangt er deshalb aus Terrainrücksichten Mosellae. Die Mehrzahl der Erklärer (u. a. Napoléon) wollen jedoch die handschriftl. „ad confluentem Mosae et Rheni" beibehalten wissen.

[6] Caes. bell. gall. IV, 16: Populi Romani imperium Rhenum finire: si se invito Germanos in Galliam transire non aequum existimaret, cur sui quicquam esse imperii aut potestatis trans Rhenum postularet?

[7] Zu Cäsars Zeit noch auf dem rechten Rheinufer.

Der Name und das Ansehen seines Heeres seit den beiden erwähnten Erfolgen werde, so erwartete er, genügen, die germanischen Stämme nach seinem Rheinübergange vollends zur Ruhe zu bringen[1]. Die Wirkung war auch in der That eine gewaltige. Eine Anzahl von Stämmen schickte sofort Gesandte und ließ um Frieden und Freundschaft bitten. Cäsar rückte nun gegen die Sigambrer, fand aber ihre Wohnsitze verlassen. Auf Anraten der Usipeter und Tencterer hatten sie ihre Habe fortgeschafft und hielten sich in Einöden und Wäldern landeinwärts versteckt. Nach Verwüstung des Landes kehrte er nach 18 Tagen wieder nach Gallien zurück; die Brücke brach er ab[2].

Im Jahre 53 v. Chr. ging Cäsar ein zweites Mal über den Rhein, etwas oberhalb des früheren Übergangspunktes[3]. Einen Feind, den er hätte bekämpfen können, traf er auch diesmal nicht an. Dieses Abschreckungsmittel hielt jedoch nicht lange vor. Die Sigambrer richteten vielmehr bald ihre Angriffe gegen ihn. Zweitausend ihrer Reiter drangen über den Rhein und machten ansehnliche Beute an Sklaven und Vieh, ja wagten sogar einen kühnen Streifzug nach Abuatuca[4]. Es fehlte wenig, so wäre das dortige römische Lager in ihre Hände gefallen. Zufrieden mit der gemachten Beute, kehrten sie über den Rhein zurück[5].

Während des gewaltigen Kampfes, der in den folgenden Jahren das römische Reich durchtobte, blieb Germanien vollkommen ruhig. Erst 16 v. Chr., als Kaiser Augustus in Rom

---

[1] Der Übergang fand zwischen Andernach und Coblenz statt. Napoléon setzt ihn aus taktischen und lokalen Gründen in die Nähe von Bonn.

[2] Caes. bell. gall. IV, 19: diebus omnino X et VIII trans Rhenum consumptis se in Galliam recepit pontemque rescidit.

[3] Caes. bell. gall. VI, 9: paulum supra duabus de causis Rhenum transire constituit, quarum una erat, quod auxilia contra se Treveris miserant, altera, ne ad eos Ambiorix receptum haberet.

[4] Caes. bell. gall. VI, 35.

[5] Caes. bell. gall. VI, 41: desperata expugnatione castrorum . . . . trans Rhenum sese receperunt.

herrschte, zogen die Sigambrer wieder über den Rhein und
brachten dem Legaten Marcus Lollius eine mehr schmachvolle als
bedeutende Niederlage bei[1]. Der Adler der V. Legion ging bei
dieser Gelegenheit verloren. Um diese Niederlage zu rächen und
zugleich durch Unterwerfung der germanischen Stämme zwischen
Rhein und Elbe das römische Gallien zu sichern, unternahm
Drusus, der Adoptivsohn des Kaisers, in den Jahren 12—9
v. Chr. vier Feldzüge in das freie Germanien. Große Strom=
bauten wurden vorher am Niederrhein in Angriff genommen
und zur Abkürzung des Seeweges der Rhein durch einen Kanal
mit der vertieften Yssel und der Zuidersee verbunden[2]. Auf
dieser Wasserstraße gelangte seine Flotte in die Nordsee und
weiter in die Ems, wo sie den überraschten Bructerern eine sieg=
reiche Stromschlacht lieferte[3]. Nachdem er noch in das Land
der Chauken eingerückt war, zwang ihn der anbrechende Winter,
nach dem Rheine zurückzukehren[4]. Der zweite Feldzug im folgen=
den Jahre ging von Castra vetera aus durch das Land der
Sigambrer, welche in einem Kampfe mit den Chatten beschäftigt
waren, in das Cheruskerland bis zur Weser[5]. Der Mangel an
Nahrungsmitteln, die Nähe des Winters und ein Bienenschwarm[6]
bewogen ihn zum Rückzuge, auf welchem ihm die Germanen in
einem Hinterhalt schwere Verluste beibrachten. Doch schlug er
die schon Siegesfrohen bei Arbalo[7]. Der dauernde Gewinn
dieses Feldzuges für die Römer war die Anlegung einer starken

---

[1] Sueton, Augustus. 23: Lollianam maioris infamiae quam detri-
menti. Die clades Lolliana bei Dio 54, 20 und Velleius Paterculus II, 16.

[2] Suet. Claud. 1: trans Rhenum fossas novi et immensi operis
effecit, quae nunc adhuc Drusianae vocantur.

[3] Strabo VII, 1: ἐν τῷ Ἀμασίᾳ (Ems) Δροῦσος Βρουκτέροις κατ-
εναυμάχησεν.

[4] Dio 54, 32.

[5] Dio 54, 33.

[6] Dio 54, 33. Ein Bienenschwarm galt für ein unglückliches Zeichen.
Julius Obsequens und Plinius erzählen denselben Vorfall, letzterer in
weniger gläubigem Sinne. Cf. auch Dio 47, 2.

[7] Die Lage Arbalos ist unbekannt.

militärischen Position, des Kastells Aliso an der Lippe[1]. Um sich den Weg dahin zu sichern, errichteten die Römer Heerstraßen und andere Befestigungen bis nach Vetera. Der dritte Feldzug i. J. 10 n. Chr. war lediglich ein Streifzug auf das rechte Rheinufer gegen die verbündeten Chatten und Sigambrer[2]. Auf dem vierten Zuge drang Drusus trotz ungünstiger Vorzeichen zunächst gegen die Chatten vor, überschritt die Weser und kam in schnellem Zuge bis zur Elbe[3]. Nach einem vergeblichen Versuche, diese zu überschreiten[4], kehrte er um. Eine der wahrsagenden germanischen Frauen soll ihm noch nachgerufen haben: „Ziehe hin! denn deiner Thaten und deines Lebens Ende ist nahe herbeigekommen[5]!" Durch einen Sturz mit dem Pferde erhielt er einen Beinbruch und erlag 30 Tage später der erhaltenen Verletzung im Sommerlager an der Weser[6]. Die Leiche wurde in das Winterlager und durch Tiberius nach Rom gebracht[7]. Hier wurde sie auf dem Marsfelde verbrannt und in Augustus' Mausoleum beigesetzt[8].

---

[1] Vellejus sagt II, 105, daß es ad caput Lupiae gelegen sei, und Dio 54, 35 berichtet: ὥστε τὸν Δροῦον ἐκεῖ ᾗ ὁ Λουπίας καὶ ὁ Ἐλίσων συμμίγνυνται φρούριόν τι σφίσιν ἐπιτειχίσαι. Das griech. Elison ist identisch mit Aliso. Die Lage bestimmt sich hiernach an der oberen Lippe, wo als einzig bedeutender Nebenfluß die Alme in die Lippe mündet, hart an der Cheruskergrenze (ἐπιτειχίσαι). Ein Seitenfluß der Alme, die Eller (Jlasan), und das Dorf Elsen erinnern noch an das alte „Elison".

[2] Dio 54, 36.

[3] Dio 55, 1.

[4] Der Angabe Mommsens (Röm. Gesch. V, p. 27), daß Drusus vermutlich angewiesen war, die Elbe nicht zu überschreiten, steht der Bericht Dios 55, 1 entgegen, nach welchem Drusus den Versuch dazu machte, welcher aber an der bedeutenden Breite des Flusses scheiterte. ἐνεχείρησε μὲν περαιωθῆναι, οὐκ ἠδυνήθη δέ, ἀλλὰ τρόπαια στήσας ἀνεχώρησε.

[5] Dio 55, 1: ἀλλ' ἄπιθι· καὶ γάρ σοι καὶ τῶν ἔργων καὶ τοῦ βίου τελευτὴ ἤδη πάρεστι.

[6] Sueton Claud. 1: supremum diem morbo obiit in aestivis castris.

[7] Dio 55, 2. Das Sommerlager lag gewiß nicht weit von Aliso, wo der Drususaltar (Tac. ann. II, 7: veterem aram Druso sitam) vielleicht die Sterbestätte bezeichnete.

[8] Dagegen Mommsen (R. G. V, p. 27): „Die Leiche wurde in das

Einleitung.

Um das Unternehmen des Drusus zu vollenden, wurde sein Bruder Tiberius mit dem Oberbefehl über die germanischen Legionen betraut. Dieser war zunächst darauf bedacht, die Kraft der Sigambrer zu brechen. Er wiederholte die schändliche Verletzung des Völkerrechts nach Cäsars Vorgang und ließ zahlreiche und angesehene Sigambrer, welche als Gesandte vor ihm erschienen, greifen und in die gallischen Städte verteilen. Wohl um ihrem Volke nicht die Freiheit der Entschließung zu nehmen, gaben sie sich selbst den Tod[1]. Tiberius brachte es aber dahin, daß ein Teil des Volkes, 40 000 an der Zahl, seine Wohnsitze räumte und sich von ihm am Unterrhein Wohnsitze anweisen ließ[2]. Diese That trug ihm zu Rom die Ehre eines Triumphzuges ein[3]. Kurz darauf fiel Tiberius in Ungnade und zog sich im Jahre 6 v. Chr. nach Rhodus zurück[4]. Das dynastische Interesse gestattete es nicht, umfassende militärische Operationen anderen als Prinzen des kaiserlichen Hauses anzuvertrauen, und zur Zeit gab es fähige Feldherren in demselben nicht. Daher gehen die nächsten Jahre ohne bedeutende kriegerische Unternehmungen hin. Des Tiberius Nachfolger wurde schließlich Domitius Ahenobarbus, der mit dem kaiserlichen Hause verschwägert war — seine Gattin war die Schwestertochter Augusts — und Züge durch Germanien bis über die Elbe hinaus unternahm, ohne Widerstand zu finden. Als er einige vertriebene Cherusker wieder in ihr Land zurückführen wollte, mißglückte es ihm[5], woraus zu entnehmen, daß schon damals bei den Cheruskern der

---

Winterlager geschafft und dort verbrannt." Dio berichtet aber 55, 2 ausdrücklich: καὶ ὁ μὲν ἔς τε τὸ Ἄρειον πεδίον ὑπὸ τῶν ἱππέων ἠνέχθη, κἀνταῦθα πυρὶ δοθεὶς ἐς τὸ τοῦ Αὐγούστου μνημεῖον κατετέθη.

[1] Dio 55, 6: ὅ τε γὰρ Αὔγουστος συλλαβὼν αὐτοὺς ἐς πόλεις τινὰς κατέθετο, καὶ ἐκεῖνοι δυσανασχετήσαντες ἑαυτοὺς κατεχρήσαντο.

[2] Strabo VII, 1. Suet. Tib. 9.
[3] Suet. Tib. 9.
[4] Suet. Tib. 11.
[5] Dio 55, 11: ἐκπεσόντας τινὰς Χερούσκων καταγαγεῖν δι' ἑτέρων ἐθελήσας, ἐδυστύχησεν.

Gegensatz einer römischen und nationalen Partei vorhanden war[1]. Durch den Tod der jungen Söhne des Augustus war inzwischen eine Versöhnung mit Tiberius zustande gekommen, welche die Adoption seitens des Kaisers zur Folge hatte. Jetzt nahm Tiberius auch das unterbrochene Werk in Germanien wieder auf. Sein Bestreben ging dahin, weniger durch offenen Krieg als durch List (Bestechung und Auszeichnung der Stammhäupter) die germanischen Völker jenseits des Rheins teils zur Anerkennung der römischen Oberherrschaft, teils zu einem Bündnis mit Rom zu bringen. Bald erhoben sich römische Kastelle und Ansiedlungen allenthalben am Rhein, und die Germanen gewöhnten sich allmählich an den friedlichen Verkehr mit den Römern; ja, sie duldeten nicht nur deren Besatzungen in ihrer Mitte, sondern auch Truppenaushebungen. Germanien wäre in ähnlicher Weise romanisiert worden, wie Gallien und die Alpenländer, wenn nicht in dieser entscheidenden Zeit Marbod und namentlich Arminius Germaniens Freiheit und Unabhängigkeit gerettet hätten[2].

In der Überzeugung, daß Marbods Reich zwischen Donau und Ostsee der römischen Herrschaft in Noricum und Pannonien, nicht minder aber auch den Germanen selbst, gefährlich war, bereitete Tiberius einen großartigen Angriff auf dasselbe vor. Die kriegdrohende Stellung des Marbod war es auch, welche die Völker des mittleren Germaniens bewog, sich näher an

---

[1] Bevor Tiberius wieder das Kommando übernahm, entbrannte noch ein schwerer Krieg (Vellej. II, 104), den Marcus Vinicius i. J. 1 n. Chr. beendigte: er war der Großvater jenes Vinicius, dem Vellejus seine Hist. Rom. widmete.

[2] Vellej. II, 105, 106, 108: Nihil erat iam in Germania, quod vinci posset, praeter gentem Marcomannorum, quae Maroboduo duce excita sedibus suis atque in interiora refugiens incinctos Hercynia silva campos incolebat; nulla festinatio huius viri mentionem transgredi debet. Über die Wichtigkeit der Berichte des Vellejus nicht nur für diese Zeit, sondern insbesondere für die Geschichte Armins vgl. Ranke, Weltgesch. Analekten III, 2 p. 272, wo er u. a. sagt: „er (Vellejus) ist der einzige, der von Armin und Marbod einen anschaulichen Begriff giebt."

Tiberius anzuschließen[1]. Bei ihm glaubten sie irriger Weise ihre Freiheit besser geschützt, als bei diesem ersten Fürsten der Germanen. Tiberius selbst war das freundschaftliche Verhältnis ganz erwünscht, und aus ihm erklärt sich auch der ungehinderte Marsch des Legaten Sentius Saturninus durch das westliche Germanien gegen die Marcomannen. Tiberius hatte mit dem Hauptheere bereits ein Lager an der Donau aufgeschlagen, als der plötzliche Aufstand der illyrisch-pannonischen Völker ihn nötigte, die Unternehmung gegen Marbod aufzugeben, welcher seinerseits sich rühmte, gegen zwölf Legionen die alte Unabhängigkeit behauptet zu haben[2]. Tiberius schloß mit Marbod einen Friedens- und Freundschaftsvertrag und wandte sich gegen die Empörer, welche erst nach dreijährigem Kampfe wieder unterworfen wurden (6—9 n. Chr.).

Als Saturninus gegen Marbod zog, wurde zu seinem Nachfolger Quinctilius Varus bestellt[3]. In ihm erscheint den Römern ihr Verhängnis, den Germanen aber in der Person des Arminius der Retter.

---

[1] Vellej. II, 109: Erat etiam eo timendus, quod, cum Germaniam ad laevam et in fronte, Pannoniam ad dextram, a tergo sedium suarum haberet Noricos, tamquam in omnes semper venturus, ab omnibus timebatur.

[2] Tac. ann. II, 46: At se duodecim legionibus petitum duce Tiberio inlibitam Germanorum gloriam servavisse.

[3] Dio 56, 18.

I.
Arminius' Jugend[1].

Arminius ist die erste große Heldengestalt unserer Geschichte, gleich anziehend für den Psychologen, den Geschichtsforscher und

---

[1] Die Litteratur über Arminius ist sehr dürftig. Bislang ist von berufenster Seite noch kein Versuch gemacht worden, sein Leben ausführlich und quellenmäßig darzustellen. Von Monographien können wir nur folgende anführen:

Prof. Dr. Karl Bayer, Armin. Deutschlands Befreier. Progr. 1859/60 u. 1866/67 der Studienanstalten zu Hof, bezw. Schweinfurt. Die Abhandlung ist eine ausführliche, aber völlig kritiklose Zusammenschweißung der vorhandenen Quellenberichte, in unleidlicher Weise fortwährend verquickt mit christlichen Betrachtungen und anderen, nicht zur Sache gehörigen Abschweifungen.

Arminius in „Allgemeine deutsche Biographie" I, p. 534—536.

H. F. Maßmann, Arminius Cheruscorum dux ac decus, liberator Germaniae, ex collectis veterum locis. Lemgoviae 1839.

G. F. König, Armin der Cherusker. Zum Denkmal im Teutoburger Walde. Leipzig 1840. Die beiden letztgenannten Werke konnten wir auf keine Weise erhalten. Einer Jugendschrift wäre noch Erwähnung zu thun:

H. Leupold, Hermann, Deutschlands Held und erster Befreier. Mit Illustrationen. 1875.

Mehr oder weniger nehmen Bezug auf den Gegenstand folgende, zur Benutzung gekommene Werke:

L. v. Ranke, Weltgeschichte, III. Band und Analekten. Lpz. 1883.

Th. Mommsen, Römische Geschichte, V. Band. Berlin 1886.

Dichter. Vellejus, der zeitgenössische Geschichtschreiber, der den deutschen Helden persönlich gekannt haben wird, sagt von ihm,

Selbstredend sind die angezogenen Werke dieser Koryphäen der deutschen Geschichtsforschung zu ausgiebigster Benutzung gekommen. Sind wir im einzelnen zu anderen Resultaten gelangt, so kann dies die Wertschätzung der angeführten Werke nicht beeinträchtigen.

Dahn, Geschichte der deutschen Urzeit. II. Band. Gotha 1883.

Müllenhoff, Deutsche Altertumskunde. II. Band. Berlin 1887.

G. Hertzberg, Die Feldzüge der Römer in Deutschland. Halle 1872.

L. Stacke, Deutsche Geschichte. Bielefeld 1880.

Georg Kaufmann, Deutsche Geschichte bis auf Karl den Großen. Leipzig 1880 u. 81. 2 Bde. Der Verf. läßt sich eine gute u. ausführliche Darstellung der Begebenheiten angelegen sein und ist bemüht, den Zusammenhang zu erfassen, in welchem die Thatsachen miteinander stehen. Wenn auch das gelehrte Beiwerk fehlt, so ist doch allenthalben die kritische Benutzung der Quellen wahrzunehmen, und daher kommt das Werk auch weiter gehenden Anforderungen in bester Weise entgegen.

Th. Mommsen, Die Örtlichkeit der Varusschlacht. Berlin 1885.

Karl Wilhelm Nitzsch, Geschichte des deutschen Volkes. Lpz. 1892. 3 Bände. Der Herausgeber, Dr. G. Matthäi, hat sich durch die Bearbeitung dieses Werkes, welches vor kurzem die zweite Auflage erlebte, ein Verdienst um die historische Wissenschaft erworben, da es erst dadurch möglich geworden ist, daß die eigentümliche Stellung Nitzsch' in der deutschen Historik auch in weiteren Kreisen gewürdigt und anerkannt werden kann.

Essellen, Geschichte der Sigambern. 1868.

Ders., Das varianische Schlachtfeld im Kreise Beckum. Hamburg o. J.

Dr. Paul Höfer, Die Varusschlacht. Lpz. 1888.

Ders., Der Feldzug des Germanicus im Jahre 16 n. Chr. Festschrift zur XXXVII. Philologenversammlung zu Dessau. Bernburg 1884.

Wattenbach, Geschichtschreiber der deutschen Vorzeit. Die Römerkriege. Übersetzt von Dr. J. Horkel. Lpz. o. J. Hiernach sind die Übersetzungen der Texte wiedergegeben.

Scherr, Thusnelda, im 1. Bande der „Menschlichen Tragikomödie". Lpz. 1882.

Die Quellen, auf welche die vorliegende Arbeit zurückgehen muß, sind leider keine deutschen; wir sind vielmehr auf die Berichte der römischen und griechischen Autoren angewiesen, von denen namentlich in Betracht kommen:

Dio Cassius, geb. 155 n. Chr. zu Nicäa in Bithynien, kam schon früh mit seinem Vater, einem Senator und hohen Beamten, nach Rom, wurde Mitglied des Senats, Prätor, Konsul u. Prokonsul. Seine römische

er sei von edler Herkunft, starkem Arm, rascher Auffassung und einer ungewöhnlichen Entschlossenheit gewesen; aus seinen Augen

Geschichte ('Ρωμαϊκὴ ἱστορία) geht von Anfang an bis zum Jahre 229 und umfaßte 80 Bücher, von denen größtenteils unversehrt nur Buch 35—60 überliefert ist. Die Auszüge des Xiphilinus und Zonaras bieten mannigfachen Ersatz. Citiert ist die Ausgabe von Dindorf. Lpz. 1864.

Cornelius Tacitus, geb. um 54 n. Chr., unter Nerva 97 consul suffectus, erlebte noch die letzten Jahre Trajans u. starb wahrscheinlich 117 n. Chr. Unter den Geschichtschreibern Roms behauptet er den ersten Rang. Von seinen Schriften kommen für uns namentlich in Betracht die sog. „Germania", De situ, moribus ac populis Germaniae, eine auf sorgfältigen Forschungen beruhende, für unsere Kenntnis der germanischen Urzeit überaus wichtige Beschreibung des damaligen Deutschlands; — ferner die sog. „Annalen": „Ab excessu divi Augusti" in 16 Büchern, eine gedrängte Darstellung der Begebenheiten, vom J. 14 bis zum J. 66 reichend. Übrig sind nur Buch I—IV vollst., V u. VI verstümmelt, XII—XIV und von XI u. XV die Hälfte. Citiert ist die Ausgabe der Annalen von Nipperdey, Berlin 1884, die Ausgabe der Germania von Nipperdey, Berlin 1876.

Vellejus Paterculus, geb. um 19 v. Chr., begleitete als Legat den Tiberius auf seinen Feldzügen in Deutschland und Pannonien. Er verfaßte einen kurzen Abriß der röm. Geschichte in 2 Büchern (Historiae Romanae), von denen das erste größtenteils verloren ist. Sieht man von den subjektiven Ansichten des Verfassers ab und legt man den höfischen Schmeicheleien nicht allzu großen Wert bei, so kann er wohl als Hauptquelle für die Ereignisse seiner Zeit gelten, die er mit eigenen Augen gesehen oder mit eigenen Ohren gehört hat. Erst in neuerer Zeit wird sein vielgeschmähtes Werk besser gewürdigt; so von Ranke, Weltgesch. III, 2, und Helbing, Vellejus Paterculus. Diff. Rostock 1888. Citiert ist die Ausgabe von Halm. Lpz. 1876.

Julius Florus verfaßte zur Zeit des Hadrian „eine zusammenhängende Übersicht der Ereignisse bis auf die Zeiten des Augustus, so gut geschrieben, daß sie eine lange Reihe von Jahrhunderten hindurch wohl das gelesenste römische Geschichtsbuch gewesen ist" (Ranke), unter dem Titel: Epitomae de Tito Livio bellorum omnium annorum DCC. Nicht immer verherrlicht er enthusiastisch die Thaten der Römer; vielmehr bespricht er auch ungünstige und schimpfliche Vorgänge sehr deutlich und offen. Gegenüber anderen macht Ranke auf Beispiele aufmerksam, in welchen er einfacher als Plutarch und Dio, nüchterner und glaubwürdiger als Plutarch erzählt. Citiert ist die Ausgabe von Halm. Lpz. 1872.

Einzelne Angaben sind noch zu erhalten aus Strabo, Geographica.

habe das Feuer seiner Seele hervorgeleuchtet[1]. Recht eine Ausgeburt, fügt Ranke hinzu[2], und ein Ausdruck der germanischen Natur: heldenmütig, sorglos, feurig und rasch. Aber das nicht allein — mit diesen Eigenschaften wird man in großen Verwickelungen nicht ausreichen —, sondern zugleich leidenschaftlich angeregt und in der Tiefe planvoll. Auch Tacitus weiß das Großartige in Arminius zu würdigen; er behandelt ihn mit einer Auszeichnung wie keinen anderen Feind und enthält sich jedes Schmähwortes gegen ihn[3].

Geboren ist Arminius[4] im Jahre 16 v. Chr.[5] Er war der Sohn des Sigimer, eines Fürsten der Cherusker[6].

---

vol. II, recogn. Meineke. Lpz. 1877, aus Frontinus, Strategematon libri quattuor. ed. Gundermann, Lpz. 1888, aus C. Plinii Secundi Naturalis Historiae libri XXXVII, vol. I, recog. Janus. Lpz. 1870 und Sueton, gest. um die Mitte des 2. Jahrhunderts, veröffentlichte i. J. 120 Lebensbeschreibungen der zwölf ersten Kaiser (De vita Caesarum) in 8 Büchern, die eine Fülle von mehr oder minder wichtigen Notizen über öffentliches und privates Leben der Kaiser enthalten. Rec. Roth. Lpz. 1886.

Ich benutze die Gelegenheit, um der königl. Universitäts-Bibliothek zu Bonn für das bereitwillige Entgegenkommen durch die Überlassung der einschlägigen Werke zu meiner Arbeit während der letztvergangenen Jahre meinen vorzüglichsten Dank hiermit auszusprechen.

[1] Vellej. II, 118: tum iuvenis, genere nobilis, manu fortis, sensu celer, ultra barbarum promptus ingenio, nomine Arminius, Sigimeri principis gentis eius filius, ardorem animi vultu oculisque praeferens.

[2] Weltgeschichte III, 1, p. 23.

[3] Tac. ann. II, 88. Anders Strabo VII, 1: οἱ Χερούσκοι καὶ οἱ τούτοις ὑπήκοοι, παρ' οἷς τρία τάγματα Ῥωμαίων μετὰ τοῦ στρατηγοῦ Οὐάρου Κοϊντιλίου παρασπονδηθέντα ἀπώλετο ἐξ ἐνέδρας· ἔτισαν δὲ δίκας ἅπαντες· Ἀρμενίου, τοῦ πολεμαρχήσαντος, ἐν τῇ παρασπονδήσει.

[4] Der Name Arminius ist aus dem Germanischen noch nicht genügend erklärt; vielleicht ist er wie der seines Bruders Flavus auch römischen Ursprungs. Für die Verdrehung des Namens in Hermann liegt kein zureichender Grund vor. Griechen und Römer schreiben ohne Ausnahme Arminius und Ἀρμένιος. E. Hübner in „Hermes" Bd. X, 1876: „Dies ist das nicht neue, aber, wie ich hoffe, nun endlich fest begründete Ergebnis unserer Erörterung („über den Namen des Arminius" p. 393—407): wahr-

Arminius' Jugend.

Nach den Überlieferungen können wir folgende Stammtafel aufstellen:

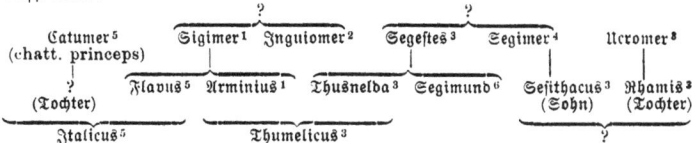

Das Volk der Cherusker, aus dessen Fürstengeschlecht Arminius entstammte, hatte zur Zeit seiner größten Blüte bei Beginn unserer Zeitrechnung ein weites Gebiet inne, von welchem jedoch nicht genau anzugeben ist, wie viel davon sein eigentliches

---

scheinlich führte Arminius das römische Gentile Julius und ein römisches Pränomen, etwa Gaius; sicher aber liegt dem Namen Arminius ein einheimischer Name zu Grunde, welchen er, vielleicht in etwas römisch hergerichteter Form, auch nach der Erteilung des röm. Bürgerrechts als Cognomen behielt."

[5] Tac. ann. II, 88: septem et triginta annos vitae, duodecim potentiae explevit. Nimmt man das Jahr der Teutoburger Schlacht (9 n. Chr.) als den Höhepunkt seiner Macht an, so ergiebt sich als Todesjahr 21 n. Chr. und bei erreichtem Alter von 37 Jahren das Jahr 16 v. Chr. als Geburtsjahr.

[6] Vellej. II, 118: Arminius, Sigimeri principis eius gentis filius.

[1] Vellej. II, 118: Arminius, Sigimeri principis filius.

[2] Tac. ann. I, 60: Inguiomerus, Arminii patruus.

Tac. ann. II, 45: ni Inguiomerus cum manu clientium ad Maroboduum perfugisset, non aliam ob causam, quam quia fratris filio iuveni patruus senex parere dedignabatur.

[3] Strabo VII, 1: λαμπρότατον θρίαμβον, ἐν ᾧ ἐθριαμβεύθη τῶν ἐπιφανεστάτων ἀνδρῶν σώματα καὶ γυναικῶν, Σεγιμούντός τε Σεγέστου υἱός, καὶ ἀδελφὴ αὐτοῦ, γυνὴ δ' Ἀρμενίου, ὄνομα Θουσνέλδα καὶ υἱὸς τριετὴς Θουμέλικος· ἔτι δὲ Σεσίθακος, Σεγιμήρου υἱὸς καὶ γυνὴ τούτου Ῥαμίς, Οὐκρομήρου θυγάτηρ, ἡγεμόνος Χάττων.

[4] Tac. ann. I, 71: Segimerum, fratrem Segestis.

[5] Tac. ann. XI, 16: „Von väterlicher Seite stammte Italikus von Flavus, des Arminius Bruder, ab; seine Mutter war eine Tochter des Chattenfürsten Catumerus."

[6] Tac. ann. I, 57: addiderat Segestes legatis filium, nomine Segimundum.

Stammland war und wie viel davon seinen engeren Bundes=
genossen zukam, die von den Römern ebenfalls häufig Cherusker
genannt werden. Das Gebiet der Cherusker erstreckte sich von
der Weser, zu beiden Seiten derselben[1], bis an die Elbe[2]. Die
höchste Gewalt ruhte in den Händen von Fürsten. Könige finden
sich nur bei einzelnen Stämmen[3]. Schon des Arminius Vater
wird Fürst der Cherusker genannt und nahm damit eine obrig=
keitliche Stellung, einen Ausfluß der ihm vom Volke übertragenen
höheren Gewalt, ein.

Die häuslichen und geselligen Zustände, unter denen Armi=
nius aufwuchs, erfahren wir aus Tacitus' Schilderung. Er preist
die Germanen als eine unvermischte, nur sich selbst ähnliche
Nation[4], wie überhaupt alle Schriftsteller der Alten sie als ein
Volk von hoher Eigentümlichkeit in physischer und moralischer
Beziehung anerkennen. Als ein freier Männer würdiges Geschäft
wurde außer Krieg und Fehden einzig und allein die Jagd an=
gesehen[5]. Die übrige Zeit verbrachten sie in träger Ruhe oder
mit Zechgelagen[6], wobei alle wichtigen Angelegenheiten verhandelt
wurden. Hier wurden Aussöhnungen zuwegegebracht und Ehe=
bündnisse verabredet; hier wurde sogar über Krieg und Frieden
Beschluß gefaßt; hier zeigte sich die Gastfreundschaft, diese von
den Germanen bis in ihre äußersten Folgerungen geübte Tugend,
in ihrem vollsten Glanze; hier wurde ihr liebstes Schauspiel,
nackter Jünglinge Tanz zwischen aufgerichteten Schwertern, auf=

---

[1] Vellej. II, 105: intrata protinus Germania, subacti Canninefates,
Attuarii, Bructeri, recepti Cherusci, transitus Visurgis, penetrata ulteriora,
Dio 54, 33: ἐς τὴν Χερουσκίδα προεχώρησε μέχρι τοῦ Οὐισούργου.
Dio 55, 1: κἀντεῦθεν πρός τε τὴν Χερουσκίδα μετέστη, καὶ τὸν
Οὐισοῦργον διαβὰς ἤλασε μέχρι τοῦ Ἀλβίου.

[2] Strabo macht keine näheren Angaben über die Wohnsitze der
Cherusker, und Plinius sagt nur, daß sie im Binnenlande wohnten.

[3] Waitz, Deutsche Verfassungsgesch. I, p. 87, 98.

[4] Tac. Germ. 4: propriam et sinceram et tantum sui similem gentem.

[5] Caes. bell. gall. IV, 1. VI, 21.

[6] Tac. Germ. 15: quotiens bella non ineunt, non multum venationi=
bus, plus per otium transigunt, dediti somno ciboque.

geführt[1]; hier endlich öffnete sich bei „zwangloser Fröhlichkeit das Innere der Brust eines Volkes ohne List und Trug"[2].

Der einzige der Rede werte Nationalreichtum bestand aus Heerden, Rossen und Waffen. Der Boden, dessen Anbau den Weibern, Greisen und Sklaven überlassen war, brachte nur zur Notdurft Getreide hervor. Die Wertschätzung von Gold und Silber kam erst von den Römern herüber. Wo ein Quell, eine Flur, ein Gehölz sie einlud, da siedelten sie sich zerstreut und abgesondert an[3].

Der lichteste Punkt in der Sittengeschichte der Germanen ist das Verhältnis der beiden Geschlechter zu einander und die Stellung der Frauen, welche unverhältnismäßig höher und edler war, als die, welche das antike Zeitalter dem Weibe einräumte. Sie sahen in den Frauen etwas Heiliges und Vorahnendes. Keuschheit war ihre höchste Zier. Mit Eingehung des Ehebundes wurde nicht sehr geeilt; Vollreife des Leibes und Geistes wurde dazu gefordert und vor Erreichung des zwanzigsten Lebensjahres in der Regel keine Heirat geschlossen[4].

In jeder Behausung, und also wird es auch mit Arminius gewesen sein, wuchsen die Kinder, von der eigenen Mutter an ihrer Brust genährt und keiner Magd oder Amme überwiesen[5], nackt und schmutzig zwischen dem Vieh auf der heimischen Scholle zu der Körpergröße auf, die die Römer staunend betrachteten[6]. In nichts unterschied sich der Herr von dem Diener durch feinere Erziehung, bis das Alter ihn als Freigeborenen sonderte, innerer

---

[1] Tac. Germ. 24. Scherr, Kulturgesch. p. 28.

[2] Tac. Germ. 22: gens non astuta nec callida aperit adhuc secreta pectoris licentia ioci.

[3] Tac. Germ. 16: colunt discreti ac diversi, ut fons, ut campus, ut nemus placuit.

[4] Tac. Germ. 18, 19.

[5] Tac. Germ. 20: sua quemque mater uberibus alit, nec ancillis ac nutricibus delegantur.

[6] Tac. Germ. 20: in omni domo nudi ac sordidi in haec corpora, quae miramur, crescunt.

Abel ihm den Stempel aufdrückte[1]. Dann schmückte in der Versammlung seines Volkes bei Neu- oder Vollmond entweder einer der Fürsten oder ein Verwandter den Jüngling mit Schild und Framea, nachdem man sich überzeugt hatte, daß er sie werde zu führen wissen[2]. Dies war die erste Ehre seiner Jugend[3].

Seit der Verbindung mit den Römern, und solange das freundschaftliche Verhältnis mit denselben andauerte, pflegten die Söhne germanischer Fürsten in römische Kriegsdienste zu treten. So haben auch Arminius und sein Bruder Flavus in römischen Diensten gestanden. Als Führer germanischer Hülfsvölker begleitete Arminius den Tiberius auf seinen Feldzügen und erwarb sich neben dem römischen Bürgerrecht die Ritterwürde[4]. Wie lange er in römischem Kriegsdienste geblieben, ist nicht überliefert, auch nicht, ob er in Italien gewesen, ob er die prangende Weltstadt gesehen, das römische Forum und das Capitol betreten habe. Daß er die lateinische Sprache kannte, kann nicht zweifelhaft sein. Er mußte sie kennen durch den täglichen Verkehr mit den Römern, durch den Aufenthalt im römischen Lager, und Tacitus bezeugt, daß er sich ihrer gelegentlich der Zusammenkunft mit seinem Bruder Flavus bedient habe[5]. Bei dieser Zusammenkunft fragte Arminius auch den Bruder, woher dessen Gesicht so entstellt sei — er hatte ein Auge verloren —, worauf dieser ihm den Ort und die Schlacht angab, in welcher er die Verwundung erhalten habe. Daraus ist zu entnehmen, daß Arminius in den letzten Feldzügen des Tiberius nicht mehr unter dessen Auxiliartruppen zu finden gewesen, sondern nach Hause

---

[1] Tac. Germ. 20: dominum ac servum nullis educationis deliciis dinoscas: donec aetas separet ingenuos, virtus agnoscat.

[2] Tac. Germ. 13.

[3] Tac. Germ. 13: haec apud illos toga, hic primus iuventae honos.

[4] Vellej. II, 118: adsiduus militiae nostrae prioris comes, iure etiam civitatis Romanae decus equestris consecutus gradus.
Tac. ann. II, 10: ductor popularium.

[5] Tac. ann. II, 10: nam pleraque Latino sermone interiaciebat, ut qui Romanis in castris meruisset.

zurückgekehrt ist¹. Flavus dagegen diente weiter und nahm eine ehrenvolle Stellung im römischen Heere ein. Unter anderen Dienstauszeichnungen erhielt er Solderhöhung, eine goldene Halskette und einen goldenen Kranz als Belohnung für seine allbekannte Ergebenheit² und als Schmerzensgeld für das verlorene Auge³.

---

¹ Tac. ann. II, 9: unde ea deformitas oris, interrogat fratrem. Illo locum et proelium referente, quodnam praemium recepisset, exquirit. . . . . . . amisso per vulnus oculo paucis ante annis duce Tiberio.
² Tac. ann. II, 9: insignis fide.
³ Tac. ann. II, 9: Flavus aucta stipendia, torquem et coronam aliaque militaria dona memorat, inridente Arminio vilia servitii pretia.

II.

Deutschlands Erhebung.

In seine Heimat zurückgekehrt, fand Arminius schlimme Zustände vor. In den Jahren 5 und 6 n. Chr. war Sentius Saturninus Statthalter in Germanien gewesen. Als Legat hatte er schon früher dort unter Tiberius i. J. 4 n. Chr. im Cheruskerlande, „wo die Gefahr minder groß war", ein Kommando gehabt [1]. Vellejus schildert ihn als einen Mann „voll mannigfacher Tugenden, thätig, beweglich, klug, des Kriegsdienstes ebenso kundig wie fähig, seine Anstrengungen zu ertragen, zugleich aber, sobald die Geschäfte die Zeit dazu ließen, geneigt, die Muße mit Lust und Behagen bis zur Neige zu genießen, so jedoch, daß man ihn eher glanzliebend und heiter, als schwelgerisch und träge nennen mochte" [2]. Diese Art des Legaten hatte sehr entschieden zur Förderung der Romanisierung der germanischen Stämme beigetragen, und sein glänzendes und dabei leutselig heiteres Auftreten hatte ihn bei den Germanen sehr populär gemacht. Er verstand es vortrefflich, Sitte und Brauch des trefflichen Volkes unangetastet zu lassen und doch eine Brücke zu schlagen zwischen römischen Formen und germanischer Ursprüng-

---

[1] Vellej. II, 105.
[2] Vellej. II, 105.

lichkeit. Dafür wurden ihm auch in Rom die Triumphalehren zuerkannt[1]. Seitdem war kaum noch eine einzige Völkerschaft vorhanden, die den Verlockungen römischer Kultur widerstand. Der stolze Sinn germanischer Männer schien gebeugt, und die vaterländische Sitte war von römischen Formen entstellt. Märkte bei den Lagern der Römer reizten zu Kauf und Tausch. Erde und Himmel, sagt Florus[2], schienen sanfter und milder zu werden; denn die Wälder waren durchbrochen, durch die Sümpfe Dämme und Brücken gezogen. Drei vollständige Legionen, die besten des römischen Heeres, hielten obendrein Wache in den verschiedenen Castellen und Lagern.

Da wurde um das Jahr 7 n. Chr. Quinctilius Varus mit der Statthalterschaft von Germanien betraut. Er war dem kaiserlichen Hause durch seine Gemahlin Claudia Pulchra verschwägert. Er folgte jetzt dem Sentius Saturninus, wie er ihm 12 Jahre früher in der Statthalterschaft Syriens gefolgt war[3]. Sein Vater hatte zu den Republikanern gehört und sich nach der Schlacht bei Philippi durch einen Sklaven töten lassen[4]. Er, der Sohn, zeigte späterhin die gleiche Entschlossenheit, wie auch schon früher sein Großvater[5]. In Syrien hatte er dem kaiserlichen Hause in den Verwickelungen mit Judäa die besten Dienste geleistet und die Herrschaft von Rom im Osten wesentlich befestigt. Seine Stärke bestand in der jurisdiktionellen Autorität mit dem Übergewicht der Waffen[6]. Wenn ihn daher Mommsen[7] als einen Mann „ohne jede militärische Begabung

---

[1] Dio 55, 28.
[2] Florus IV, 12.
[3] Josephus, Antiq. XVII 5, 2: Οὔαρος Κυϊντίλιος, διάδοχος μὲν Σατουρνίνῳ τῆς ἐν Συρίᾳ ἀρχῆς ἀπεσταλμένος.
[4] Vellej. II, 71: Varus autem liberti, quem id facere coegerat, manu, cum se insignibus honorum velasset, iugulatus est.
[5] Vellej. II, 119: quippe paterni avitique exempli successor se ipse transfixit.
[6] Ranke, Weltgesch. III, 1, p. 22.
[7] Mommsen, Röm. Gesch. V, p. 40.

und Erfahrung" schildert, so dürfte das wenig zutreffend sein und Rankes angeführtes Urteil über ihn gerechtfertigter erscheinen, wenn wir seine glücklich durchgeführten Kämpfe in Jerusalem, Armenien und Judäa in Betracht ziehen[1]. Aber den Ruf großen Eigennutzes hatte er heimgebracht, so daß der hauptstädtische Witz von ihm sagte, arm sei er in die reiche Provinz gekommen, reich habe er die arme verlassen[2]. Diesen Mann nun sandte Augustus nach Germanien mit der Aufgabe, aus dem Lande eine römische Provinz zu machen. Florus giebt unverhohlen dies Ziel der römischen Politik zu[3]. Er sollte nicht eigentlich Krieg führen, sondern das friedliche Verhältnis weiter ausbilden, das Tiberius angebahnt hatte. Bei seiner Körperbeschaffenheit und Gemütsart kam ihm die Ruhe des Lagers nur erwünscht[4]. Er hielt es nicht für schwer, die Germanen durch die Rutenbündel der Lictoren und den Ruf des Herolds an die Unterordnung unter die Römer schnell zu gewöhnen. Er kam sogar auf den Gedanken, die Germanen wären Menschen, die außer der Sprache und den Gliedmaßen nichts von einem Menschen hätten[5], und die Behandlung, welche er ihnen angedeihen ließ, widersprach dem nicht. Als selbstverständlich nahm er die höchste Gerichtsbarkeit für sich in Anspruch und übte sie in willkürlicher und höchst grausamer Weise. In dem vornehmsten Stamme des Wesergebirges, den Cheruskern, auf die sich nun auch die römischen Herrschaftsbestrebungen erstreckten, regte sich, ohne daß ein besonderer Anlaß gemeldet würde, das eingeborene Selbstgefühl, unzweifelhaft aufgestachelt durch die Seele ihrer

---

[1] Josephus, Antiqu. XVII, 9—11.

[2] Vellej. II, 117: (Syria), quam pauper divitem ingressus dives pauperem reliquit.

[3] Florus IV, 12: in illius (Augusti) honorem concupierat facere provinciam.

[4] Vellej. II, 117: vir ingenio mitis, moribus quietus, ut corpore, ita animo immobilior, otio magis castrorum, quam bellicae adsuetus militiae.

[5] Vellej. II, 117.

ganzen Unternehmungen, Arminius. Bei dem früheren Bundesgenossenverhältnis geschah ihrer Freiheit und Ehre kein Eintrag; aber das war anders geworden, seitdem Varus mitten im Cheruskerlande sein Sommerlager aufgeschlagen hatte und Bedrückungen und Erpressungen übte, wie er sie von früher her gewohnt war. Langsam und allmählich wuchs der Haß gegen die Römer bis zu solchem Grade, daß ihr geistig hervorragendster, kühnster und entschlossenster Führer es wagen durfte, sich zum Widerstande gegen die römische Übermacht und zur Abschüttelung des römischen Joches mit einflußreichen Männern verschiedener Stämme zu verbinden und zu verständigen. Vellejus, der den Begebenheiten sehr nahe stand, berichtet darüber: „Zuerst weihte er wenige, bald mehrere als Genossen in seine Pläne ein; daß es möglich sei, die Römer zu überwältigen, behauptet er mit Zuversicht und überzeugt davon auch seine Gefährten"[1]. Arminius trat an die Spitze der leise sich vorbereitenden Bewegung, gleich genial in der Zurückhaltung von planlosem, verfrühtem Losschlagen, in geheimer Schürung der Wut, in der Bethörung des Varus durch scheinbare Ergebenheit, als in furchtbarer Leitung der entfesselten Flammen des Volkszornes, die er im rechten Augenblick, am rechten Ort mit elementarer Naturgewalt über den Legionen zusammenschlagen ließ. Daß dabei sein persönlicher Ehrgeiz keine bedeutende Rolle spielte, soll nicht bestritten werden. Warum sollte er nicht den Ehrgeiz haben, sein Vaterland freizumachen und auf diese That als ein Piedestal sich zu stellen, welches seine Heldengestalt in die Nachwelt hineinragen ließ und läßt? Ganz meisterlich war es, wie Arminius im Sinne seines großen Gedankens die Sprödigkeit des deutschen Partikularismus zu überwinden und die verschiedenen Völkerstämme zu einer widerrömischen und nationalen Genossenschaft zusammenzufügen verstand. Es ist durchaus unnötig, wie das bei manchen Historikern geschieht, anzunehmen, daß Arminius die Mannenund Bundestreue gegen Rom in herbem, sittlichem Konflikt habe

---

[1] Vellej. II, 118.

brechen müssen, um die höhere Pflicht gegen sein Vaterland zu erfüllen; er war vielmehr der Bundestreue los und lebig, als Varus ohne weiteres das rechtsrheinische Land in der Form einer römischen Provinz zu verwalten begann, römisches Gerichts= verfahren und römische Besteuerung rechtswidrig dort einführte und da, wo bisher die Todesstrafe selten war und nur bei ent= ehrenden Vergehen verhängt wurde, dieselbe mit übel angebrachter Energie bei freien Männern vollstrecken ließ. Vor der Idistaviso= schlacht läßt Tacitus den Arminius den Seinigen zurufen, sie sollten sich nur erinnern an die Habsucht, an die Grausamkeit, an den Hochmut: sei ihnen denn noch etwas anderes übrig, als die Freiheit festzuhalten oder zu sterben vor der Knechtschaft[1]? Es ist erklärlich, daß römische Darsteller sich dies Verhältnis nicht klar machten, sondern den Vorwurf des Treubruchs erhoben. So singt Manilius: „Als das wilde Germanien den Bund brach, als es den Feldherrn Varus dahinraffte und mit dreier Legionen Blut die Gefilde tränkte[2]." Ovid erwähnt auch wiederholt das „treubrüchige Germanien". Auch Strabo nennt die That einen Bundesbruch gegen Varus[3]. Vellejus spricht nur einmal von der Treulosigkeit der Feinde, ohne großes Gewicht auf diese Auf= fassung zu legen[4]. Tacitus nennt einmal den Arminius „aus= gezeichnet durch Treulosigkeit gegen uns", im Vergleich mit Segest[5]. Die schöne Würdigung dagegen bei der Erzählung seines Todes läßt erkennen, daß er das Wort nicht als sittlichen Makel verstanden hat[6]. Dio muß sogar gestehen, daß die Er=

---

[1] Tac. ann. II, 15. Mit dem einzigen Worte „servitus" ist das neue Verhältnis gekennzeichnet, welches plötzlich über die Cherusker gekommen war.

[2] In seinem Lehrgedicht über Astronomie in fünf Büchern („Astro= nomica"), von denen das erste noch unter Augustus gedichtet ist.

[3] Strabo VII, 1: προδιδόντες καὶ τὰ ὅμηρα καὶ τὰς πίστεις.

[4] Vellej. II, 119.

[5] Tac. ann. I, 55. Arminium et Segestem, insignem utrumque per- fidia in nos aut fide.

[6] Tac. I, 88.

hebung der Germanen natürlich war, daß sie die eigene Regierung der römischen Herrschaft unendlich vorziehen mußten[1].

Arminius' Befreiungsplan fand aber Widerstand im eigenen Volke. Unter den Cheruskern selbst herrschte Zwietracht. Zwei Parteien hatten sich gebildet, von denen die eine sich fügen wollte, die andere nicht. Zur ersteren bekannte sich offen Arminius' Schwiegervater, der cheruskische Fürst Segestes, der offenbar von der Macht, Größe und Unwiderstehlichkeit der Römer einen so überwältigenden Eindruck bekommen hatte, daß er jeden Gedanken an Gegenwehr für aussichtslos, innigen Anschluß der Cherusker an die Römer für ersprießlich hielt[2]. So war es auch sehr in seinem Sinne, daß seinem Sohne Segimund die Ehre zu teil wurde, bei dem zu Köln bestehenden Altar des Augustus als Priester zu dienen[3]. Zu ihm gesellte sich als offenbarer Verräter an der Sache seines Volkes Armins Bruder Flavus; andere schwankten, wie Armins Oheim Inguiomerus, der erst später zu handeln sich entschloß.

Tag, Stunde und Ort verabredete Arminius mit seinen Mitverschworenen[4]. Varus blieb völlig sorglos, auch als Segestes wiederholt und noch am Vorabend des Losschlagens ihn warnte[5]. Wie öfter, so waren auch an jenem Abend die Cheruskerfürsten bei Varus zur Tafel[6], und dort im Prätorium machte Segest — wir wissen nicht, ob öffentlich oder geheim — dem Varus die Mitteilung, daß eine Rebellion im Werke sei. Der Augenblick war kritisch genug für die Verschworenen, und es gehörte ein

---

[1] Dio 56, 18: καὶ τὰ πλήθη τὴν συνήθη κατάστασιν πρὸ τῆς ἀλλοφύλου δεσποτείας προτιμῶντες.

[2] Charakteristisch dafür ist die Rede, welche Segest vor dem römischen Feldherrn i. J. 15 n. Chr. hielt: Tac. ann. I, 58.

[3] Tac. ann. I, 57: quippe anno, quo Germaniae descivere, sacerdos apud aram Ubiorum creatus, ruperat vittas.

[4] Vellej. II, 118: tempus insidiarum constituit.

[5] ebda: negat itaque se credere.

[6] Dio 56, 19: Ἀρμένιος καὶ Σηγίμερος, συνόντες τε αὐτῷ ἀεὶ καὶ συνεστιώμενοι πολλάκις.

hoher Grad von Selbstbeherrschung dazu, um Varus die Überzeugung von der Grundlosigkeit der Beschuldigung beizubringen und ihn so sehr in Sicherheit zu wiegen, daß er nichts Arges erwartete und allen denen, die argwöhnten, was geschah, und ihm zur Vorsicht rieten, nicht allein gar keinen Glauben schenkte, sondern sie schalt, als ob sie sich vergebens ängstigten und jene mit Unrecht verleumbeten[1]. Er kannte wohl die persönliche Feindschaft des Segestes gegen Arminius und war deshalb geneigt, in dieser Anklage nichts weiter als den Ausfluß persönlichen Hasses zu erblicken. Als er den Segest an jenem Vorabend auf die gesetzmäßige Untersuchung der Anklage vertröstete[2], da griff Segestes zu einem verzweifelten Mittel, um in letzter Stunde noch das drohende Verhängnis abzuwenden. Er verlangte bringend, ihn selbst, den Arminius, und die Mitverschworenen in Fesseln zu legen[3]. Zu einem so ungewöhnlichen und energischen Schritt konnte sich aber der geistig schwer bewegliche Varus nicht entschließen. Am folgenden Tage brach die Katastrophe über ihn herein.

---

[1] Dio 56, 19.

[2] Aus der Rede Segests Tac. ann. I, 58: violatorem foederis vestri Arminium apud Varum, qui tum exercitui praesidebat, reum feci. Dilatus segnitia ducis, quia parum praesidii in legibus erat, ut me et Arminium et conscios vinciret, flagitavi.

[3] Auch Florus berichtet den Verrat des Segestes IV, 1: tanta erat Varo pacis fiducia, ut ne prodita quidem per Segestem coniuratione commoveretur.

III.
Die Varusschlacht.

Zahlreich sind die Schriften und Meinungen, welche über die Varusschlacht im Umlauf sind, und nahezu unmöglich erscheint es, aus den vielen einander widerstreitenden Angaben Irrtum und Wahrheit zu sondern und eine klare Vorstellung zu gewinnen. Aus diesem Wirrsal heraus geht man daher am besten zurück zu den Quellen selbst, die uns diese germanische Großthat überliefert haben, und sucht aus ihnen, soweit sie glaubwürdig sind, ein Bild der Arminiusschlacht zu entwerfen. Als Hauptsache halten wir fest, daß überhaupt die große Freiheitsschlacht mit nachhaltigem Erfolge geschlagen ist, dem gegenüber der Streit um das Wo und Wie nur nebensächliche Bedeutung haben kann.

Die Quellen sind nun leider so wenig übereinstimmend und oft so allgemein gehalten, daß nicht wenige Historiker ihre ganze Hoffnung auf die Wiederauffindung verlorengegangener Schriften der Alten setzen. Weitaus die meisten Darsteller der Varusschlacht erzählen nach dem ausführlichen Bericht, den Dio Cassius giebt, und flechten die kürzeren Nachrichten aus Vellejus, Florus, Frontinus und Tacitus ein mit Weglassung dessen, was dem Bericht des Dio widerspricht. Es leuchtet ein, daß dies Verfahren mit der historischen Kritik unvereinbar ist. Schierenberg und nach ihm Ranke haben zuerst die Aufmerksamkeit auf die Unverträglichkeit der genannten Quellen hingelenkt. Ranke sagt darüber[1]: „Die Erzählung (des Dio) hat einen großartigen Charakter; man wird sie nicht aufgeben dürfen. Zu bedauern ist nur, daß sie mit einem Umstand schließt, dessen Unrichtigkeit außer Zweifel steht. Wie Varus, sollen sich alle Befehlshaber seines Heeres selbst getötet haben — ein Ereignis, das, wenn es in diesem oder auch nur annäherndem Umfang sich zugetragen hätte, von den der Zeit nahestehenden Autoren, von welchen uns kürzere Berichte erhalten sind, mit großer Emphase wiederholt worden wäre. Aber diese geben überhaupt einen g a n z a n d e r e n B e r i c h t von der Varusschlacht. Ihnen zufolge ist das römische Lager in seinem ruhigen Bestand in einem Augenblick angegriffen worden, in welchem Varus auf seinem Tribunal saß. Die militärischen Vorkehrungen hatte er so sehr vernachlässigt, daß die eindringenden Germanen keinen Widerstand fanden, die Truppen, die sich zu widersetzen suchten, niedermachten und dann einen vollkommenen Sieg errangen. Nur die Reitercohorten konnten entkommen. D i e b e i d e n B e r i c h t e s i n d g r u n d v e r s c h i e d e n, und ich (immer noch Ranke) wage keinen Versuch, sie zu einem Ganzen zu gestalten. Darf ich eine Meinung über die Differenz aussprechen, so würde sie dahin gehen, daß d e r l e t z t e r w ä h n t e B e r i c h t in der Hauptsache w a h r h e i t s g e t r e u ist. Es ist wahrscheinlich derselbe, welcher an Tiberius erstattet wurde und hierbei zur Kunde des Vellejus kam. Im allgemeinen stimmt er auch mit der Schilderung überein, welche Tacitus von dem Wiederauffinden des Lagers gegeben hat." Rankes Urteil in den Analekten lautet[2]: „Von diesen beiden Autoren (Vellejus und Florus), welche besonders militärische Kunde verraten, der eine aus unmittelbarer Anschauung, der andere auf Grund originaler Überlieferungen, haben wir Berichte über die Varusschlacht. D i e A u f f a s s u n g d e r b e i d e n R ö m e r s c h e i n t

---

[1] Ranke, Weltgesch. III, 1, p. 26.
[2] Ranke, Weltgesch. III, 2, Analekten p. 273.

mir in allen Punkten die glaubwürdige zu sein, und anfangs war ich der Ansicht, daß die Erzählung des Dio als unglaubwürdig verworfen werden müsse." Ranke ist aber überzeugt, daß Dio nirgends erdichtet, aber auch, daß er das, was er vorfand, zuweilen ohne kritische Erörterung aufnimmt. Daher entstand bei ihm die Frage: Woher konnten die Nachrichten stammen, die Dio aufnahm? Er nimmt an, daß sie sich auf die Unfälle einer partiellen Heeresabteilung, die von Varus zur Bekämpfung einer partiellen Feindseligkeit abgeschickt war, beziehen und dieser Unfall mit der Eroberung des Lagers in dem nach Rom gesandten Bericht identifiziert worden ist. „Ich weiß", schließt Ranke, „bei der Auffassung dieser für die Anfänge der deutschen Geschichte so unendlich wichtigen Begebenheit werde ich keineswegs allgemeine Beistimmung finden; ich habe aber keine andere Lösung entdecken können." Er hatte aber wohl schwerlich erwartet, daß man diese Auffassung kaum beachten werde. Und doch ist dies bisher so gewesen. Mommsen hat in seiner Schrift über die Örtlichkeit der Varusschlacht den Bericht des Dio zu Grunde gelegt und die Bedenken Rankes gegen diese Quelle in seiner „Römischen Geschichte"[1] in einer Anmerkung nur nebenhin erwähnt, aber nicht entkräftet. Und doch wäre dies erforderlich gewesen, da Rankes gewichtiges Urteil die Verlegung des Schlachtfeldes in die Barenauer Gegend, wie Mommsen will, ausschließt. Andere Darsteller haben von den Ausführungen des hochverdienten Historikers überhaupt keine Notiz genommen; nur Dr. Paul Höfer, Oberlehrer am Gymnasium zu Bernburg, ist in seiner fleißigen und kritischen Bearbeitung der Varusschlacht den Spuren Schierenbergs und Rankes nachgegangen und ist nach langjährigen Spezialstudien zu gleichen und weiteren Resultaten gekommen. Er widerlegt auch die Behauptung Mommsens, daß der Bericht des Florus keineswegs auf anderen Quellen beruhe, als der des Dio. Ist doch Florus der einzige, welcher die Bestrafung gefangener Römer überliefert hat, der einzige,

---

[1] Bd. V, p. 41.

der uns jenes oftzitierte Wort überliefert: „Natter, höre endlich auf zu zischen!", der einzige endlich, der die That des Fahnenträgers berichtet. Der Bericht des Florus läßt erkennen, daß derselbe aus einem Autor entlehnt ist, welcher unmittelbar nach dem Ereignis geschrieben hat, den wir aber nicht mehr besitzen. O. Jahn macht darauf aufmerksam, daß in dem Satze des Florus: signa et aquilas duas **adhuc** barbari possident, das adhuc zur Zeit des Augustus geschrieben richtig war, aber von Florus zur Zeit des Hadrian unüberlegter Weise übernommen worden ist, da er wissen mußte, daß sie durch Germanicus zurückgenommen waren. Der zweite Einwand Mommsens lautet: „Die Rechtspflege des Varus und die Erstürmung des Lagers kennt die bessere Überlieferung beide auch in ihrem ursächlichen Zusammenhang." Unter der „besseren Überlieferung" kann Mommsen nur die des Dio verstanden haben. Dann ist aber darauf zu erwidern, daß Dio wohl von den Bedrückungen seitens des Varus, nichts aber von der Rechtspflege oder der Erstürmung seines Lagers berichtet. Letztere soll dann nach derselben Anmerkung Mommsens „außer mit der gesunden Vernunft" auch mit Tacitus' Schilderung der drei Marschlager in Widerspruch stehen. Wir beschränken uns darauf, letzteren Widerspruch näher zu erörtern. Tacitus berichtet darüber[1]: „Das erste Lager des Varus, mit seinem weiten Umfange und den wohlabgesteckten Quartieren, erschien deutlich als dreier Legionen Werk; sodann gab ein halb eingestürzter Wall und flacher Graben zu erkennen, daß dort die schon halbvernichteten Reste Fuß gefaßt hatten: inmitten der Ebene ihre gebleichten Gebeine u. s. w. Höchstens könnte hier von zwei Lagern die Rede sein, genau nur von einem, da späterhin nur eine Verschanzung für die Reste der Legionen angelegt wurde. Daß das erste Lager (prima Vari castra) ein Marschlager gewesen sei, ist bloße Vermutung, und die Annahme, daß es das ursprüngliche Standlager des Varus gewesen sei, ist ebenso berechtigt.

---

[1] Tac. ann. I, 61.

Noch weitere Beweise können zu Gunsten des Vellejus als der besten Quelle beigebracht werden. Er allein weiß eine Reihe von Einzelheiten zu berichten: Segest wird als Verräter genannt; die Namen der Lagerpräfekten und das Verhalten derselben, den Kommandanten von Aliso, das Schicksal der Leiche des Varus u. a. m.; von dem allen weiß Dio nichts. Auch Florus und Tacitus kennen das Schicksal der Leiche des Varus[1]. Frontinus und Florus kennen weitere Einzelheiten. Tacitus macht bei der Wiederauffindung des varianischen Schlachtfeldes wichtige Angaben, die die Erzählung des Vellejus teils bestätigen, teils ergänzen. Er ist speziell für die Germanicusfeldzüge dem Bericht eines Augenzeugen gefolgt, der auch der Varusniederlage sehr nahe gestanden hat[2]. Als letzte Quelle ist Dio zu nennen. Er hat ein reiches Material benutzt, wie solches ihm als Senator zur Verfügung stand, sagt aber selbst darüber, daß dasselbe seit Augustus nicht mehr die Zuverlässigkeit habe, wie das aus der republikanischen Zeit; das meiste sei als Staatsgeheimnis verschwiegen worden; vieles sei anders, als es wirklich vorgegangen, verbreitet worden; er werde die Ereignisse so erzählen, wie sie veröffentlicht worden seien[3]. Die Quellen, welche Dio für die Varusniederlage benutzt hat, sind nicht bekannt; doch scheint er die Senatsakten und den Bericht benutzt zu haben, welcher seiner Zeit an den Senat erstattet worden ist. Wenn Vellejus und Tacitus bei der Haupthandlung abbrechen, so mögen sie sich vielleicht mit diesem offiziellen Bericht nicht haben in Widerspruch setzen wollen; sie geben nur noch zu erkennen, daß den Römern Schmachvolles und Schimpfliches widerfahren sei[4]. Der Bericht des Dio ist dagegen in mancher Beziehung schonender. Die

---

[1] Flor. IV, 12. Tac. ann. I, 71.
[2] Höfer, Feldzug des Germanicus, p. 14.
[3] Dio 53, 19. Höfer, Varusschlacht, p. 147—150.
[4] Tac. ann. I, 3: bellum adversus Germanos supererat, abolendae magis infamiae ob amissum cum Quintilio Varo exercitum u. s. w.
Vellej. II, 119.
Flor. IV, 12: magis turpiter amissa est (Germania).

Urſachen der germaniſchen Erhebung ſieht er in viel milderem
Lichte, als die übrigen, welche von der Habſucht und dem Hoch=
mut des Varus und der Grauſamkeit und den Abſchlachtungen
der Römer zu erzählen wiſſen. Weitere Unterſchiede von den
älteren Quellen hat Dio hinſichtlich des Planes der Verſchworenen,
der Warnung, welche Varus erhielt, und des Angriffs. Sein
Bericht läßt ſich überhaupt weder an den einen, noch an den
anderen Autor anſchließen; er ſteht ganz iſoliert da und iſt ſo
unbeſtimmt, daß es ſogar ſtreitig iſt, ob er einen Kampf von
zwei oder drei Tagen ſchildert. Wenn endlich nach Dio die vor=
nehmſten Männer ſich ſämtlich getötet haben ſollen, ſo iſt das,
wie Ranke bemerkt, die unglaubwürdigſte Nachricht. Nach Tacitus
ſind die Legaten gefallen, die Tribunen und Centurionen von
den Germanen geopfert worden; nach Vellejus iſt der vierte
Legat entflohen und hat als Deſerteur geendigt, und Seneca
berichtet[1], daß viele Männer glänzendſter Abkunft als Hirten
und Wächter der Germanen Verwendung gefunden haben. Noch
in vielen anderen Zügen widerſtreitet der dioniſche Bericht den
Angaben der übrigen Darſteller. Wird der wegen ſeiner offiziellen
und beſchönigenden Tendenz zu beanſtandende Bericht des Dio[2]
nicht mehr als Hauptquelle angeſehen, ſo ſetzen ſich die nur
ſtückweiſe überlieferten Nachrichten der älteren römiſchen Autoren
gegenſeitig ſich ergänzend und nirgends ſich widerſprechend zu
einem klaren und vollſtändigen Bilde zuſammen, welchem um=
ſomehr Glauben zu ſchenken iſt, als dieſe Nachrichten auf Ge=
währsmänner zurückgehen, welche nicht auf die offiziellen Ver=
öffentlichungen angewieſen waren. Auf dieſe Quellen geſtützt,
würde die Varusſchlacht ſich in folgender Weiſe ereignet haben:

Am Tage nach dem denkwürdigen Gaſtmahle ſaß Varus zu
Gericht auf dem Tribunal in ſeinem Lager. Der weite Platz
vor dem Tribunal war von Cheruskern eingenommen, welche die

---

[1] ep. 47.

[2] Der Bericht Cäſars bell. Gall. V, 31—37 hat mit dem dioniſchen
Bericht ſo viel Ähnlichkeit, daß Höfer (a. a. O. p. 231) ihn für das Vor=
bild des letzteren hält.

Die Varusschlacht.

Entscheidung in ihren Rechtshändeln erwarteten. Die Soldaten standen nicht unter den Waffen[1]. Während Varus die Parteien vor seinen Richterstuhl berief[2] und an nichts Schlimmes dachte und nichts der Art fürchtete, wurde er unversehens überfallen. Von allen Seiten drangen alsbald wie auf ein gegebenes Zeichen die Germanen ein und nahmen im ersten Ansturm das Lager weg[3]. Drei Legaten fielen gleich dem Ungestüm der Germanen zum Opfer. Auch die Adler wurden genommen, und Varus selbst erhielt eine Verwundung[4]. Nur einem der Fahnenträger gelang es, den Adler von der Stange abzureißen, ihn unter seinem Gürtel zu verstecken und sich in einem Sumpfe zu verbergen[5]. In wilder Flucht suchten die überraschten Römer ihr Heil; voran sprengten die Reiter in einer Stärke von drei Alen unter dem Legaten Vala Numonius davon und dem Rheine zu[6]. Das Fußvolk versuchte außerhalb des Lagers wieder festen Fuß zu fassen[7]. Während des Widerstandes muß es den Nichtcombattanten, Horn- und Tubabläsern, Weibern und Kindern gelungen sein, zu entkommen und sich nach dem festen Castell Aliso durchzuschlagen. Zu den Entkommenen gehörte auch der Centurio Cädicius, welcher in Aliso das Kommando über die Geretteten übernahm[8]. Bis zum Abend dauerte der Kampf in

---

[1] Tac. ann. II, 46: quoniam tres vacuas (dienstfrei) legiones . . . . . . deceperit.

[2] Flor. IV, 12: cum ille (Varus) — o securitas! — ad tribunal citaret, undique invadunt.

[3] Flor. IV, 12: castra rapiuntur.

[4] Tac. ann. I, 61: hic cecidisse legatos, illic raptas aquilas, primum ubi vulnus Varus adactum.

[5] Flor. IV, 12: tertiam (aquilam) signifer, priusquam in manus hostium veniret, evolsit mersamque intra baltei sui latebras gerens in cruenta palude sic latuit.

[6] Vellej. II, 119.

[7] Tac. I, 61: medio campi albentia ossa, ut fugerant, ut restiterant.

[8] Frontinus IV, 7: Caedicius primipilaris, qui in Germania post Varianam obsessis nostris pro duce fuit.

der Ebene fort¹; dann machten sich die Reste der Legionen nach
alter Gewohnheit daran, ein Lager zu erbauen². Die Germanen
ließen sie gewähren und stellten den Kampf ein, um eine grausige
Exekution vorzunehmen. Das beleidigte Rechtsgefühl verlangte
eine Sühne. Hintergangen und schwer verletzt, vollzogen die
Sieger die Strafe an den Haupturhebern. In den nahen Hainen
opferten sie die gefangenen Tribunen und Obercenturionen auf
ihren heiligen Altären³. Varus lebte noch und befand sich in
dem notdürftig errichteten Lager. Hoffnungslos bewies er mehr
Mut zum Sterben als zum Kämpfen. Dem Beispiele seines
Vaters und Großvaters folgend, gab er sich selbst mit dem
Schwerte den Tod⁴. In rührender Pietät vergaßen die Soldaten
nicht, ihren Feldherrn zu bestatten. Aber in ihrer entsetzlichen
Lage fehlte ihnen das Holz zu einem ordentlichen Scheiterhaufen;
halbverbrannt begruben sie ihn⁵. In Ermangelung eines anderen
übernahm jetzt der Lagerpräfekt Cejonius das Kommando⁶. In=
zwischen schickte sich Arminius an, den Schlußakt in Scene gehen
zu lassen⁷. Er ließ die Häupter der getöteten Führer auf

---

¹ Tac. ann. I, 61: medio campi albentia ossa.

² Tac. ann. I, 61: dein semiruto vallo, humili fossa accisae iam reliquiae consedisse intellegebantur.

³ Tac. ann. I, 61: lucis propinquis barbarae arae, apud quas tribunos ac primorum ordinum centuriones mactaverant. Es ist leicht er=
klärlich, daß Varus sein Lager an einem Orte aufschlug, an dem die
Cherusker in außergewöhnlicher Zahl zu verkehren pflegten.

⁴ Vellej. II, 119: duci plus ad moriendum quam ad pugnandum
animi fuit: quippe paterni avitique exempli successor se ipse transfixit.

⁵ Vellej. II, 119: Vari corpus semiustum.
Florus IV, 12: ipsius quoque consulis corpus, quod militum pietas
humi abdiderat, effossum.

⁶ Vellej. II, 119.

⁷ Frontinus II, 9 § 4. Höfer macht noch a. a. O. p. 299 besonders
auf die Überschrift des Kapitels aufmerksam: de his, quae post proelium
fiunt, si res prospere cesserit, de consummandis reliquiis belli. § 4:
L. Sulla his, qui Praeneste obsidebantur, occisorum in proelio ducum
capita hastis praefixa ostendit atque ita obstinatorum pervica-
ciam fregit. Arminius capita eorum, quos occiderat, similiter praefixa
ad vallum hostium admoveri iussit.

Lanzen stecken und an das Lager der Römer herantragen, um auf diese Weise den Widerstand der Übriggebliebenen zu brechen. Das Schreckmittel hatte Erfolg. Der Lagerpräfekt Cejonius kapitulierte mit dem Rest des varianischen Heeres[1]. Er gab das schimpfliche Beispiel eines Führers, der lieber unter dem Henkerbeile, als vor dem Feinde sterben will. Die Kapitulationsbedingungen sind nicht bekannt. Wie es scheint, ist denen, welche ohne besondere Schuld waren, das Leben gesichert worden. Arminius selbst bestieg dann eine Erhöhung und hielt, die römische Weise verspottend und mit Hohn auf die eroberten römischen Feldzeichen hinweisend, eine Ansprache an die Seinen[2]. Er saß, wie Varus einst, zu Gericht über die Schuldigen, die er zum Tode verurteilte. Besonders hart wurden die verhaßten römischen Sachwalter behandelt. Einigen stachen sie die Augen aus; anderen schnitten sie die Hände ab; einem nähten sie den Mund zu, nachdem sie ihm die Zunge ausgerissen hatten, welche ein erbitterter Germane in die Hand nahm, indem er ihr die Worte zurief: "Nun endlich hörst du auf zu zischen, du Natter[3]!" Auch die Leiche des Varus wurde wieder ausgegraben und in wilder Wut in Stücke gerissen. Das von Sesithacus, Segimers Sohne[4], abgeschnittene Haupt wurde an Marbod geschickt, wohl zu keinem anderen Zweck, als ihn zu veranlassen, sich dem erfolgreichen Aufstande anzuschließen. Marbod aber erwies sich den Römern gefällig und schickte es nach Rom, wo ihm trotz aller Schuld die Ehre der Beisetzung in dem Erbbegräbnisse seines Geschlechts

---

[1] Vellej. II, 119: tam turpe Ceionius prodidit, qui, cum longe maximam partem absumpsisset acies, auctor deditionis supplicio quam proelio mori maluit.

[2] Tac. ann. I, 61: quo tribunali Arminius contionatus; utque signis et aquilis per superbiam inluserit.

[3] Flor. IV, 12: nihil insultatione barbarorum intolerabilius, praecipue tamen in causarum patronos — "tandem", ait, "vipera sibilare desisti".

[4] Tac. ann. I, 71: Data utrique venia, facile Segimero, cunctantius filio, quia Quintilii Vari corpus inlusisse dicebatur.

zu teil wurde[1]. Viele vornehme Römer hüteten fortan in Germanien als Knechte die Heerden[2]. Einige der Gefangenen wurden später erlöst, indem ihre Verwandten sie loskauften; doch durften sie nicht nach Italien zurückkehren und mußten in der Fremde leben[3]; anderen gelang es, aus der Gefangenschaft zu entkommen[4], und noch andere Gefangene vom Heere des Varus sind erst i. J. 51 n. Chr. aus den Händen der Chatten befreit worden[5]. Der geflohene Legat Vala Numonius mit seinen Reiter-Alen kam auch nicht bis an den Rhein. Er wurde unterwegs abgefangen und fand so als Deserteur ein unrühmliches Ende.

Diese Schlacht im „Teutoburger Walde", wie sie Tacitus nennt, war der erste der gewaltigen Kämpfe, die Arminius mit den Römern bestanden hat. Neben seinen treuen Cheruskern halfen ihm die Chatten, die Marsen mit den Sigambrern vereinigt und die Bructerer[6] zu dem glänzenden Erfolge, wodurch die Fremdherrschaft der Römer für immer gebrochen wurde. Drei Legionen, die 17., 18. und 19., und sechs Kohorten Bundestruppen in einer Stärke von etwa 17000 Mann waren mit einem Schlage vernichtet worden[7].

---

[1] Vellej II, 119. Vari corpus semiustum hostilis laceraverat feritas: caput eius abscisum latumque ad Maroboduum et ab eo missum ad Caesarem gentilicii tamen tumuli sepultura honoratum est.

[2] Seneca, ep. 47.

[3] Dio-Zonaras 56, 22.

[4] Tac. ann. I, 61.

[5] Tac. ann. XII, 27.

[6] Bei diesen Völkern wurden später Beutestücke aus der varianischen Niederlage gefunden, sowie Gefangene zurückgewonnen.

[7] Die Legionen des Varus werden wie die des Germanicus 3600 Mann gehabt haben. Die ala bestand aus 16 Turmen, zu 32 Mann, so daß also die ala 512 Mann hatte. Die Kohorten der Bundesgenossen waren nach Hygin (de munitione castrorum) 500 oder 1000 Mann stark. Demnach zählte das Heer des Varus 15300—18300 Mann. Die umgekommenen Legionen waren nach Tac. ann. I, 60 die 19., nach einer Inschrift auf dem Denkstein des Manius Cälius im Museum vaterländischer Altertümer zu Bonn die 18. (Manio Caelio legat(o) legionis duodevicesimae) und außerdem die 17., welche später nicht mehr vorkommt.

Die Varusschlacht.

Für die Bestimmung des Schauplatzes ist natürlich der von uns angenommene Verlauf des Ereignisses maßgebend. Wenn die Schlacht nicht nach einem längeren Marsche aus dem Sommerlager von der Weser her, sondern in und bei demselben stattgefunden hat, so ist zunächst der Ort des Sommerlagers zu bestimmen. Folgende Angaben der Quellen sind dafür maßgebend: 1. Bei dem Verwüsten des Brucererlandes zwischen Ems und Lippe drang Germanicus bis an die Ostgrenze der Bructerer vor und kam in die Nähe eines Gebirges, mit welchem das Cheruskerland anfing und bei welchem das Lager des Varus und das Schlachtfeld sich befanden[1]. 2. Aliso lag auf der Verbindungslinie vom Sommerlager zum Rhein; Varus war also von der Lippestraße aus in diese Gegend gelangt. 3. Das Schlachtfeld lag so nahe bei Aliso, daß die Belagerer von Aliso den Leichenhügel auf dem Schlachtfelde zerstörten[2]. 4. Germanicus gelangte nicht auf dem alten Wege von der Lippe aus, sondern von der Ems aus auf neuangelegtem Wege durch das Gebirge zu der Unglücksstätte und kehrte von dort auf demselben Wege wieder zurück[3]. Aus diesen Angaben ergiebt sich, daß man von der Emsstraße, durch das Gebirge vordringend, auf dieselbe Stätte gelangte, zu welcher auch die östliche oder nordöstliche Fortsetzung der Lippestraße führte. Dieses Gebirge wird jetzt der Lippesche Wald genannt. Das flüchtige Heer des Varus ist aus der Ebene bis an das Gebirge gelangt und hat dort, eingeschlossen von Sumpf, Wald und Feinden, seinen Widerstand aufgegeben[4]. Auf Grund von Fundnachrichten, obiger Angaben

---

[1] Tac. ann. I, 60—61.
[2] Tac. ann. II, 7.
[3] Tac. ann. I, 61: praemisso Caecina, ut occulta saltuum scrutaretur pontesque et aggeres umido paludum et fallacibus campis imponeret.
[4] Flor. IV, 12: Varus perdita castra...... nihil illa caede per paludes perque silvas cruentius. Leider ist die Handschrift an der Stelle des perdita castra verdorben. In den beiden Heidelberger Handschr. Palat. Lat. 894 u. 1568 (saec. IX u. XI) steht „perditas res" u. pditasres, in der Bamberger perdicastra.

und topographischer Untersuchungen über den Lauf der ältesten Straßen setzt Höfer den Ort der Niederlage auf die Knetterheide bei Heerse und Schötmar an dem Wege von Aliso nach der Porta, zwischen Paderborn und Minden[1].

Einen gewaltigen Eindruck machte die Niederlage des Varus zu Rom. Die Nachricht gelangte dahin fünf Tage nach dem Beginn der Siegesfeier wegen der Beendigung des pannonisch-dalmatischen Krieges[2]. Mit dieser Erzählung schließt Dio die Vorgänge des Jahres 9 n. Chr., so daß dieses Jahr als das der Schlacht nicht streitig sein kann[3]. Der Tag läßt sich mit Sicherheit nicht bestimmen; sicher ist nur, daß er in die Herbst-

---

[1] Die Knetterheide war einst die sagenberühmteste Stelle unseres Vaterlandes. Die Gnitaheide wird in der älteren Edda wiederholt als die Stelle bezeichnet, wo Fafner sich sein Lager gemacht, und wo Sigurd ihn erschlagen hat. (Simrock, Die Edda p. 182. 192. 195.) Auch der isländische Abt Nikolaus, Sohn des Sämund, erwähnt den Ort in seinem Reisebericht 1150 (Grimm, Deutsche Heldensage 1829 p. 41). Darnach liegt zwischen Mainz und Paderborn das Dorf, welches Horus heißt; das andere heißt Kilian, und dort soll auch die Gnitaheide sein. Höfer fand nördlich der Knetterheide den Ort Hörentrup, welcher 1535 Horentrup hieß, welches mit Horus identisch sein dürfte. Das Dorf Kilian wäre mit Schötmar zu identifizieren. Es erinnert an den hl. Kilian, welcher Patron der Kirche zu Schötmar war. Ein Jahrmarkt dort heißt heute noch Kilian.

[2] Für das Jahr 10 n. Chr. ist u. a. auch, ohne Angabe von Gründen, Mommsen; aber es ist durchaus am Jahre 9 festzuhalten. Die Frage ist in Jahn's Jahrb. f. Phil. u. Päd. 1876 in vier kleineren Aufsätzen von Gardthausen, Arn. Schäfer, Lüttgert u. Schrader erörtert worden; am einfachsten und präzisesten hatte das Richtige schon dargethan Abraham in dem Progr. der Sophienrealschule in Berlin 1875 S. 12. Das Jahr 9 geht auch aus der Chronologie der Trist. Ovids u. den Briefen aus Pontus hervor. Sueton sagt Tib. 18: proximo anno (nach Beendigung des pann. Aufstandes) repetita Germania. Vgl. Edm. Meyer, Forsch. z. deutsch. Gesch. Bd. 18. Göttingen 1878. Ders.: Die Chronologie der Ovidischen Tristien ꝛc. Zeitschr. f. d. Gymn. XXXII. p. 449—461. Berlin 1878.

[3] Vellej. II, 117: Tantum quod ultimam imposuerat Pannonico ac Dalmatico bello Caesar manum, cum intra quinque consummati tanti operis dies funestae ex Germania epistulae nuntium attulere caesi Vari.

zeit fällt¹. Als die Nachricht eintraf, war man in Rom noch im Siegesjubel. Er machte alsbald einer tiefen Niedergeschlagenheit Platz, und der Triumph wurde auf eine gelegenere Zeit verschoben². Augustus zerriß sein Gewand und erhob ein großes Wehklagen, hauptsächlich deshalb, weil er erwartete, die Germanen würden nun auch gegen Italien und Rom selbst anrücken, weil ferner unter der Bürgerschaft keine genügende Anzahl waffenfähiger junger Leute mehr zu finden war und die Bundestruppen stark gelitten hatten³. Mit strengen Strafen, ja Hinrichtungen, mußte er die Wehrpflichtigen zur Aushebung bringen⁴. In seiner Angst griff er noch zu einer Reihe von Maßregeln, die sich allerdings bald als übereilt und unmöglich herausstellten. Da in Rom zahlreiche Gallier und Germanen lebten, teils als Fremde, teils als Soldaten der Leibwache, fürchtete er, sie könnten sich empören, und schickte deshalb einen Teil auf verschiedene Inseln; die übrigen wurden entwaffnet und ausgewiesen⁵. Bis dahin ließ er Nachtwachen in ganz Rom halten, damit nicht etwa ein Aufstand ausbräche⁶. Die Statthalter wurden mit verlängertem

---

¹ Auf die Beendigung des Feldzuges soll sich das Datum des 3. August, an welchem Ti. Augustus in Inlyrico vicit (C. J. L. J. p. 398), beziehen, so daß der Tag in die 1. Hälfte des August zu setzen wäre. Da die Germanen nach Tac. Germ. 11 bei wichtigen Unternehmungen sich nach den Mondphasen richteten, so hat auch dies Veranlassung zur Bestimmung des Tages gegeben. Nach astronom. Berechnungen erschien der Neumond i. J. 9 n. Chr. am 10. August. Prof. Zangemeister hat als Tag der Schlacht den 2. August 9 n. Chr. berechnet auf Grund der obigen Inschrift (Westdeutsche Zeitschr. Trier 1887. S. 239—243). Vgl. auch Deppe, der Tag der Varusschlacht (Jahrb. des Vereins von Altertumsfreunden im Rheinlande, Heft LXXXVII. Bonn 1889), der sich auf Zangemeisters Untersuchungen stützt.

² Sueton, Tib. 17: Triumphum distulit (Augustus), maesta civitate clade Variana.

³ Dio 56, 23.

⁴ Dio 56, 23.

⁵ Dio 56, 23.

⁶ Sueton, Aug. 23: excubias per urbem indixit, ne quis tumultus existeret.

Kommando in den Provinzen bis auf weiteres belassen, damit die Bundesgenossen unter der Verwaltung sachkundiger und ihnen schon bekannter Männer treu erhalten würden[1]. Um den Zorn der Götter, der aus dem Blitze, der den Tempel des Mars getroffen hatte, aus Meteoren und Kometen, die in Menge erschienen, hervorleuchtete[2], zu besänftigen, gelobte der Kaiser dem Jupiter feierliche Spiele, wenn die Lage des Staates sich zum Besseren wenden würde[3]. Und so niedergeschlagen soll er gewesen sein, daß er monatelang Haar und Bart wachsen ließ und zuweilen sein Haupt mit dem Ausruf gegen die Thür stieß: „Quinctilius Varus, gieb mir meine Legionen wieder"[4]. Den Tag der Niederlage beging er alljährlich als einen Tag tiefer Trauer[5].

Die Angst des Augustus war jedoch unbegründet. Die Völker germanischen Stammes, welche seit längerer Zeit mit den Römern verbündet waren, blieben ruhig, und entscheidend war vor allem, daß Marbod sich nicht rührte. Darin sah sich Arminius getäuscht, wenn er seinen glänzenden Erfolg als das Signal einer großen, allgemeinen Erhebung ansah. Er mußte sich mit der nationalen Erhebung im Nordwesten Germaniens zufriedengeben, die sich unter anderem darin kundgab, daß sogar des Segestes Sohn Segimundus sein Priestertum zu Cöln aufgab und sich dem Arminius anschloß[6]. Immerhin mag Arminius, der mit seinen Ideen sein Volk weit überragte, den Plan gehabt haben, den Krieg auch über den Rhein zu tragen: aber dazu kam es nicht. Doch reichte sein Einfluß soweit, daß er die Aufgebote der verbündeten Völker bewog, die am weitesten

---

[1] Suet. Aug. 23.
[2] Dio 56, 24.
[3] Suet. Aug. 23: Vovit et magnos ludos Jovi Optimo Maximo, si res p. in meliorem statum vertisset.
[4] Suet. Aug. 23: vociferans: Quinctili Vare, legiones redde!
[5] Suet. Aug. 23.
[6] Tac. ann. I, 57: quippe anno, quo Germaniae descivere, sacerdos apud aram Ubiorum creatus ruperat vittas, profugus ad rebelles.

vorgeschobene Station der Römer, das Kastell Aliso, zu belagern, wohin sich wenige Streiter, aber viele Wehrlose geflüchtet hatten, die der varianischen Niederlage entronnen waren[1]. Hier leistete der tapfere Kommandant L. Cädicius, der dritte Lagerpräfekt, entschlossenen Widerstand[2]. Da die Germanen sich auf die Belagerungskunst nicht verstanden, sollte das Kastell durch Hunger zur Kapitulation gebracht werden. Um die Belagerer zu täuschen, wurden die Gefangenen, als der Mangel drohte, durch die Getreidespeicher die ganze Nacht umhergeführt und dann mit abgehauenen Händen entlassen, damit sie erzählen sollten, wie wenig Hoffnung auf eine baldige Übergabe vorhanden sei[3]. Aber erst auf das Gerücht, daß ein neues römisches Heer heranrücke, zog ein Teil der Germanen ab. Da inzwischen bei der großen Schar der Flüchtlinge die Vorräte nahezu aufgezehrt waren, wurde der Beschluß gefaßt, durch die Flucht sich zu retten. In einer finsteren Nacht brachen sie auf. An dem ersten und zweiten Wachtposten kamen sie glücklich vorbei; von dem dritten aber wurden sie entdeckt, da die Weiber und Kinder, voll Not und Furcht wegen des Dunkels und der Kälte, durcheinander schrieen und so nicht die nötige Ruhe bewahrten. Da die Germanen aber ihr Augenmerk mehr auf die Beute richteten, gelang es der Mehrzahl, zu entkommen. Sie wurden auch nicht weiter verfolgt, als die römischen Trompeter einen Marsch bliesen, der die Germanen glauben ließ, es nahe Asprenas vom Rheine mit seinen Truppen. Dieser rückte ihnen auch auf die Nachricht von dem Vorfall entgegen; er nahm die Reste der vernichteten Legionen auf und wich über den Rhein zurück. Deutschland war frei![4]

---

[1] Dio 56, 22 und dazu die Auszüge aus Zonoras.

[2] Vellej. II, 120: L. etiam Caedicii praefecti castrorum eorumque, qui una circumdati Alisone immensis Germanorum copiis obsidebantur, laudanda virtus est.

[3] Frontinus III, 15 § 4: Reliqui ex Variana clade, cum obsiderentur, quia defici frumento videbantur, horrea tota nocte circumduxerunt captivos.

[4] Dio 56, 22.

IV.
Arminius und Germanicus.

Nachdem Augustus große und energische Anstrengungen gemacht hatte, die Armee wieder zu ergänzen, übernahm Tiberius das Kommando. Das folgende Jahr 10 n. Chr. verstrich ohne Gefechte. Die Rache für die varianische Niederlage behielt sich Tiberius noch vor. Zunächst unternahm er i. J. 11 unter allen erdenklichen Vorsichtsmaßregeln einen Zug auf das rechte Rheinufer[1] und die Lippe aufwärts, fand aber alles ruhig und hütete sich seinerseits wohl, Feindseligkeiten hervorzurufen. Er rückte überhaupt nicht weitab vom Rhein[2] und begnügte sich damit, den Germanen gezeigt zu haben, daß die Römer den Weg nach Germanien noch zu finden wußten. Zu Anfang des folgenden Jahres (12 n. Chr.) übernahm dann Germanicus, der im vergangenen Jahre schon neben Tiberius kommandiert hatte, den alleinigen Oberbefehl. Thatenlose Jahre folgten, bis der Tod des Kaisers Augustus i. J. 14 n. Chr. eine Änderung brachte. Tiberius kam auf den Thron, und dieser Thronwechsel rief eine große Soldatenmeuterei am Rheine hervor. Um die Unzufriedenheit abzulenken, führte Germanicus i. J. 14 sein Heer über den

---

[1] Suet. Tib. 18. 19.
[2] Dio 56, 25.

Rhein, drang an der Lippe hinauf ziemlich tief in das Binnen=
land gegen die Marser vor, die in ihren Sitzen zwischen der
oberen und mittleren Lippe und Ruhr eines Angriffs gar nicht
gewärtig waren. Bei einem Gelage wurden sie überfallen und
mit Mord und Brand schwer heimgesucht. Beim Rückmarsch
waren auf die Kunde von dieser Niederlage der Marsen die
Bructerer, Tubanten und Usipeter herbeigeeilt und suchten dem
römischen Heere das Schicksal des Varus zu bereiten. An der
energischen Haltung der Legionen prallte jedoch der Angriff ab,
und das Heer gelangte glücklich an den Rhein zurück[1].

Immer noch war die That der Cherusker, bei denen es
traurig genug aussah, nicht gesühnt. Wohl hatten sich unter dem
unmittelbaren Eindruck des Sieges die römisch gesinnten
Cherusker, sogar Segestes[2], den Patrioten anschließen müssen;
sie warteten aber nur auf die Gelegenheit, sich wieder an Rom
anschließen zu können. Für Arminius war es schmerzlich, daß
in seiner eigenen Familie nur die Mutter (der Vater war bereits
gestorben) auf seiner Seite stand[3], während sein Bruder Flavus
mit großer Hingebung den Römern diente und sein Oheim In=
guiomerus sich kühl entfernt hielt. Sein größter Gegner im
eigenen Volke war der alte Segestes, der es ihm nie verzieh,
daß er gezwungen worden war, gegen Rom die Waffen zu führen.
Bei ihm und Inguiomerus war der Neid und die Eifersucht auf
Armins steigende Größe ein Hauptmotiv des Hasses und Miß=
trauens. Wachsen mußte der Haß des Segestes, als er sah, daß
seine nächsten Angehörigen, Sohn und Tochter, mit Begeisterung
die Sache Armins vertraten; aber sein Todfeind mußte dieser
werden, als er die hochgesinnte Tochter entführte und zu seiner
Gemahlin machte. Darüber war es sogar zu einer Fehde zwischen
den Cheruskern gekommen.

---

[1] Tac. ann. I, 50. 51.
[2] Tac. ann. I, 55: Segestes, quamquam consensu gentis in bellum tractus, discors manebat.
[3] Tac. ann. II, 10: matrem precum sociam.

So standen die Dinge, als Germanicus zu einem großen Rachezuge rüstete. Zunächst machte er einen Streifzug gegen die Chatten, während der Legat C. Cäcina in das Gebiet der Lippe einbrach, in der Absicht, die angrenzenden Stämme zu beschäftigen und sie zu hindern, den Chatten Hülfe zu bringen. Noch im selben Jahre unternahm dann Germanicus den Hauptzug in das Emsgebiet. Cäcina rückte von Vetera aus an die obere Ems; er selbst ging mit der Flotte von der Rheinmündung aus dorthin, und die Reiterei zog die Küste entlang durch das Gebiet der treuen Friesen. Wieder vereinigt, verwüsteten die Römer das Land der Bructerer und das ganze Gebiet zwischen Ems und Lippe[1]. Außer reicher Beute fiel auch der Adler der 19. Legion wieder in ihre Hände. Dann beschloß Germanicus einen Akt der Pietät zu erfüllen. Er hörte dort an den äußersten Grenzen des Bructererlandes, daß er nicht weit vom Teutoburgerwalde stehe, wo die Reste der Legionen, wie das Gerücht ging, noch unbestattet lagen[2]. Cäcina wurde vorausgeschickt, um das Waldgebirge zu erforschen und Brücken und Dämme in dem feuchten Sumpflande und den trügerischen Ebenen anzulegen[3]. Es handelt sich hier unzweifelhaft um einen neuangelegten Weg, den Germanicus wählte, um zu dem Sommerlager des Varus zu gelangen[4]. Voll Wehmut betraten sie diese

---

[1] Tac. ann. I, 60: Ductum inde agmen ad ultimos Bructerorum quantumque Amisiam et Lupiam amnes inter, vastatum.

[2] Tac. ann. I, 60: haud procul Teutoburgiensi saltu, in quo reliquiae Vari legionumque insepultae dicebantur. Der Name „Teutoburgiensis saltus" ist hier zwar erhalten; aber über seine Identität mit den heutigen Namen jener Gebirgszüge gehen die Meinungen auseinander. Wir müssen nach der Festsetzung des Lagers und der Varusschlacht den jetzigen Lippischen Wald darunter verstehen. Noch mag erwähnt werden, daß Clostermeier auf Grund archivalischer Nachrichten der heutigen Grotenburg als älteren Namen den Namen Teut beilegt. Der Name „Teutoburger Wald" ist erst durch Ferd. v. Fürstenberg 1714 in Gebrauch gekommen.

[3] Tac. ann. I, 61.

[4] Aufgabe der lokalen Forschung wird es sein müssen, die alte Alisostraße und die neuangelegte Germanicusstraße genau festzustellen und ihren

Stätte der Trauer. Das erste Lager des Varus mit seinem weiten Umfange und den wohlabgesteckten Quartieren erschien deutlich als das Werk dreier Legionen; sodann gab ein halb eingestürzter Wall und flacher Graben zu erkennen, daß dort die schon halbvernichteten Reste Fuß gefaßt hatten: inmitten der Ebene ihre gebleichten Gebeine, wie sie sich geflüchtet, wie sie Widerstand geleistet hatten, zerstreut oder aufgehäuft. Daneben lagen Bruchstücke von Waffen und Gliedmaßen von Pferden; zugleich hingen an Baumstämmen angeheftet die Köpfe. In den nahen Hainen fanden sie die Altäre, an denen die Tribunen und Obercenturionen geopfert worden waren. Und die, welche aus jener Niederlage, der Schlacht oder der Gefangenschaft entronnen, übrig waren, berichteten: hier seien die Legaten gefallen, dort die Adler ihnen entrissen worden. Sie zeigten die Stelle, wo Varus die erste Wunde erhalten hatte, wo er durch eigene Hand den Tod fand, von welcher Erhöhung herab Arminius redete, wie viele Galgen für die Gefangenen angelegt wurden, wie viele Gruben, und wie Arminius die Feldzeichen und Adler frech verspottete. Dann brachten die Römer sechs Jahre nach der Niederlage der drei Legionen Gebeine zur Bestattung[1]. Germanicus selbst begann zuerst mit eigener Hand die zerstreuten Gebeine aufzulesen und zusammenzutragen und legte den ersten Rasen bei Errichtung des Grabhügels[2].

Vereinigungspunkt nachzuweisen. Höfer stellt (a. a. O. p. 264) auf Grund lokaler Studien die Varusstraße als diejenige fest, welche von Aliso (dem heutigen Neuhaus am Einfluß der Alme in die Lippe) nach Nordosten gerichtet durch den Dörenpaß an die Werre führt, eine in ältester Zeit noch vielbenutzte Verkehrsstraße zwischen Neuhaus und Paderborn. Von den Quellen der Ems geht die direkte Richtung zur Werre durch einen zweiten Gebirgspaß, den Paß von Örlinghausen, durch welchen Clostermeier eine uralte Straße nach der Werre nachgewiesen hat. In ähnlicher Richtung ist dort heute noch ein Damm zu verfolgen. Letztere Straße würde die von Germanicus eingeschlagene gewesen sein.

[1] Tac. ann. I, 61. 62.
[2] Suet. Calig. 3. Tac. ann. I, 62.

Bei dem weiteren Vormarsch traf man endlich auf Arminius, welcher in unwegsame Gegenden zurückgewichen war. Hier hielt er stand. Voll Zorn und wilder Begierde rückte die römische Reiterei vor, um Arminius aus der von ihm besetzten Ebene zu vertreiben. Arminius bedeutete die Seinigen, sich zu sammeln und an die Wälder heranzurücken; dann wandte er sich plötzlich um. Bald gab er denen, die er hie und da in dem Waldgebirge versteckt hatte, das Zeichen, hervorzubrechen. Da ward durch die nicht erwartete Kämpferschar die Reiterei in Unordnung gebracht. Die Hülfskohorten wurden nachgeschickt; doch, fortgerissen von den Fliehenden, vermehrten sie die Bestürzung. Sie wären in die den siegreichen Germanen wohlbekannten Sümpfe gedrängt worden, hätte nicht Germanicus die Legionen in Schlachtordnung vorrücken lassen. Nun standen die Germanen von der Verfolgung ab. Der anhebende Kampf[1] blieb zwar, wie Tacitus meint, unentschieden, wurde aber doch insofern zu einer Niederlage der Römer, als sie sich genötigt sahen, den Rückmarsch anzutreten[2]. Germanicus führte das Heer wieder zur Ems. Dort wurde das Heer geteilt. Germanicus bestieg mit seinen 4 Legionen die Schiffe und nahm den Rückweg zur See. Cäcina erhielt den Befehl, mit den übrigen 4 Legionen die „langen Brücken" so zeitig als möglich zu überschreiten. Dieser Rückmarsch des Cäcina glich dem Unglück des Varus. Der schmale Weg führte durch morastiges Land, voll zähen, dicken Schlammes oder gefährlich wegen der vielen versteckten Bäche. Ringsherum waren allmählich ansteigende Waldungen, die Arminius bereits sämtlich besetzt hielt, da er auf Richtwegen und in Eilmärschen den Römern zuvorgekommen war. Cäcina, der hin und her überlegte, wie er die Brücken, die vor Alter eingesunken waren, herstellen und dabei den Feind abwehren könnte, sah keinen anderen Ausweg, als ein Lager aufzuschlagen, damit zugleich die

---

[1] Der Ort ist nicht näher zu bestimmen, muß aber am Lippischen Walde gesucht werden.
[2] Tac. ann. I, 63: manibus aequis abscessum.

Arbeit und von anderen der Kampf begonnen werde. Zunächst versuchten die Germanen, die Posten zu durchbrechen und sich auf die mit der Schanzarbeit beschäftigten Soldaten zu stürzen. Dadurch entstand ein wildes Durcheinander von Arbeitern und Kämpfern. Die Römer litten sehr unter der Ungunst des Terrains. Der Boden mit seinem tiefen Schlamme gab ihnen keinen Halt und war zu schlüpfrig, um sicher vorzurücken; die Soldaten wurden durch die Last der Panzer niedergedrückt und konnten die Wurfgeschosse nicht recht schwingen. Dagegen waren die schlanken Gestalten der Cherusker gewohnt, in Sümpfen Schlachten zu schlagen, und brachten mit ihren ungeheueren Lanzen den Römern selbst aus der Ferne schwere Wunden bei. Für die schon wankenden Legionen war es ein Glück, daß die Nacht einbrach und dem ungünstigen Kampfe ein Ende machte. Aber selbst da noch waren die Germanen des glücklichen Erfolges wegen unermüdlich und ruhten nicht: sie leiteten die Gewässer, welche auf den rings ansteigenden Höhen entsprangen, in die Niederungen und suchten die römische Verschanzung unter Wasser zu setzen. Die Römer mußten mit verdoppelter Anstrengung die Lagerarbeit zu Ende bringen. Der alte Feldherr, in jetzt 40jährigem Kriegsdienst erprobt, blieb auch in dieser mißlichen Lage unverzagt. Während die Germanen auf den umliegenden Höhen bei festlichem Mahle mit frohen, von wildem Geschrei unterbrochenen Gesängen die Nacht verbrachten, entwarf Cäcina seinen weiteren Rückzugsplan. Mitten zwischen den Bergen und Sümpfen zog sich eine Ebene hin, die einen Marsch in schmalen Zügen gestattete. Durch diese beschloß Cäcina am andern Morgen den Rückmarsch zu nehmen und bestimmte, daß die 1. Legion die Spitze bilde, die 5. den rechten, die 21. den linken Flügel decke, den Troß und die Verwundeten in der Mitte, und die 20. Legion zum Schutze gegen etwaige Verfolgungen den Nachtrab bilde. Dann gab sich der Feldherr einem kurzen Schlummer hin. Traurig sah es im Lager aus: trübe Wachtfeuer, abgerissene Laute, schlaflos umherirrende Gestalten konnte man allenthalben wahrnehmen. Den Feldherrn schreckte ein böser

Traum. Er glaubte den Varus, mit Blut bespritzt, aus den Sümpfen aufsteigen zu sehen und zu hören, wie er ihn zu sich rief[1].

Als der Tag graute, mußte Cäcina bemerken, daß die zur Deckung der Flügel bestimmten Legionen aus Furcht oder Trotz vom Platze wichen und vorauseilten, um über die gefährlichen Sümpfe hinwegzukommen. So blieb der Troß im Schlamm und in den Gräben stecken; die Soldaten gerieten in Unordnung, und keiner achtete mehr auf die Befehle. Das war der Augenblick, den Arminius in kluger Voraussicht erwartet hatte. Er heißt die Germanen losbrechen mit dem Rufe: Seht da! Varus und die Legionen, von demselben Geschick zum zweiten Male umstrickt[2]. Zugleich sprengt er mit einer auserwählten Schar den Zug und läßt besonders auf die Pferde einhauen. In ihrem eigenen Blute und auf dem schlüpfrigen Sumpfboden ausgleitend, werfen diese die Reiter ab, jagen auseinander, werfen nieder und zerstampfen, was ihnen entgegenkommt. Als Cäcina die Schlachtordnung noch zu halten suchte, wurde ihm ein Pferd unter dem Leibe getötet. Er stürzte und wurde nur durch die entschlossene Hülfe der ersten Legion vor der Gefangennahme gerettet. In dieser höchsten Not und Gefahr erschien die Rettung: es war die Beutelust der Germanen. Sie ließen vom Kampfe ab, um Beute zu erjagen. Dadurch gelang es den Legionen gegen Abend sich nach einem freien und sicheren Platz durchzuarbeiten. Nun war des Jammers und Elends kein Ende. Ein Wall sollte aufgeworfen, Dammerde herbeigeschafft werden; aber die Werkzeuge waren verloren. Die Manipeln fanden keine Zelte, keinen Verband die Verwundeten. Als sie die mit Blut und Schlamm besudelten Speisen teilten, brachen sie in lautes Wehklagen aus. Sie jammerten über die unheilvolle finstere Nacht und daß sie nur noch einen Tag zu leben hätten. Ein Pferd, welches

---

[1] Tac. ann. I, 65.

[2] Tac. ann. I, 65: inrumpere Germanos iubet, clamitans: En Varus eodemque iterum fato vinctae legiones!

sich losgerissen hatte, brachte eine solche Verwirrung und Bestürzung hervor, daß alle auf die Thore losstürzten, unter denen sie vorzugsweise das Hinterthor, welches von dem Feinde ablag und zur Flucht größere Sicherheit bot, zu erreichen suchten, in dem Wahne, die Germanen seien hereingebrochen[1]. Vergeblich suchte Cäcina der wilden Flucht Einhalt zu thun. Er warf sich schließlich auf der Thorschwelle nieder, um die Flüchtlinge zu zwingen, den Weg über ihres Feldherrn Leib zu nehmen. Zugleich zeigten die Tribunen und Centurionen, wie grundlos die Angst sei. Allmählich brachte man die Soldaten wieder zur Besinnung. Cäcina ließ sie im Lager zusammentreten und überzeugte sie, daß es nur von ihrer Ruhe und Besonnenheit abhinge, die augenblicklich gefahrvolle Lage zu wenden; man müsse innerhalb des Lagers bleiben, bis die Germanen stürmend heranrückten; ein rascher Ausfall werde dann alles wieder gutmachen. So geschah es auch; es wäre anders gekommen, hätten die Germanen den Rat des Arminius befolgt, der, in römischer Kriegführung geschult, die Stärke der Römer in offener Schlacht kannte. Er wollte daher die Römer erst ausrücken lassen und sie wiederum auf feuchtem und schwierigem Terrain angreifen. Ihm gegenüber drang aber der gewaltsame und darum willkommene Rat des Inguiomerus durch, das Lager zu stürmen, damit die Zahl der Gefangenen größer und die Beute unverkürzt sei. So rückten sie denn, als der Tag begann, auf das römische Lager los. Mit Reisigbündeln füllten sie den Graben aus und arbeiteten sich zur Höhe des Walles hinan, auf dem, anscheinend von Furcht wie festgebannt, nur einzelne Soldaten sichtbar waren. Plötzlich aber brachen im Sturme die römischen Kohorten von allen Seiten hervor mit dem höhnenden Rufe: „Hier werden nicht Wälder und Sümpfe, sondern auf ebenem Felde gerechte Götter entscheiden!"

---

[1] Ein deutlicher Fingerzeig, wie Varus seinen Untergang gefunden. Das inrupisse Germanos (Tac. ann. I, 66) entspricht genau dem undique invadunt, castra rapiuntur (Flor. IV, 12), wie es von der Varusschlacht heißt. Man glaubte, dasselbe Schicksal zu erleiden.

Mit gewaltigen Verlusten für die Germanen endete dieser Kampf bei „den langen Brücken"[1]. Arminius verließ unversehrt, Inguiomerus schwer verwundet das Schlachtfeld, und Cäcina konnte unbehelligt sein Heer nach Vetera zurückführen. Infolge des vorauseilenden Gerüchtes von dem Überfall des Cäcina hatte man am Rhein die Armee schon verloren gegeben und war im Begriff gewesen, die Brücke bei Vetera abzubrechen. Nur die Entschlossenheit einer Frau, der Agrippina, des Germanicus Gattin, hatte dies vereitelt. Auch die Heereshälfte des Germanicus, obwohl sie unter schweren Stürmen viel gelitten hatte, kehrte glücklich zurück.

---

[1] Über die „pontes longi" gehen die Meinungen auseinander, indem dieselben in das Burtanger Moor, in die Gegend von Coesfeld u. s. w. verlegt werden. Gegen das Burtanger Moor spricht namentlich die weite Entfernung. Arminius wird kaum soweit vorgedrungen sein. Wir haben uns lediglich an die Worte der einzigen Quelle zu halten, nach welcher die Trennung von Cäcina stattgefunden hat, nachdem das Heer zur Ems zurückgeführt worden war: Tac. I, 63: Mox reducto ad Amisiam exercitu legiones classe, ut advexerat, reportat; Caecina, qui suum militem ducebat, monitus, quamquam notis itineribus regrederetur, pontes longos quam maturrime superare. Da Arminius dem römischen Heere gefolgt war und in Eilmärschen ihm zuvorzukommen suchte, so kann das Zusammentreffen nicht lange nach der Trennung von dem Heere des Germanicus stattgefunden haben. Arminius kann auch nur in verbündetes Land vorgedrungen sein. Das Schlachtfeld muß zwischen der Ems und Vetera, wohin der Zug des Cäcina ging, gesucht werden im Lande der Brukterer, welche mit den Cheruskern verbündet waren. Daß die Ems zur damaligen Zeit bedeutend wasserreicher und weiter hinauf schiffbar war, als heute, ergiebt sich aus der damaligen Beschaffenheit Germaniens und beispielsweise aus dem weitaus größeren Wasserreichtum der Eder zur damaligen Zeit (Tac. ann. I, 56). Lieferte doch Drusus den Bructerern auf der Ems in ihrem Lande eine Stromschlacht ($\kappa\alpha\tau\epsilon\nu\alpha\nu\mu\alpha\chi\eta\sigma\epsilon$ Strabo VII, 3). Darnach würde das Schlachtfeld bei den „langen Brücken" in die Gegend von Stromberg, Ölbe, Beckum zu setzen sein. Essellen hat das Varusschlachtfeld unweit Stromberg und Beckum gesetzt und ein römisches Lager dort im Havixbrock festgestellt. Ob hier nicht eine Verwechselung vorliegt mit dem Lager des Cäcina, muß einer näheren Untersuchung vorbehalten bleiben.

V.
Arminius und Thusnelda[1].

Mit nur wenigen, flüchtigen Zügen gedenken die antiken Autoren einer Frauengestalt, deren tragisches Geschick Tacitus mittelst etlicher Lapidarworte der Ewigkeit eingegraben hat. Ihr Name findet sich nur bei einem der alten Zeugen, bei Strabo, dem bekannten Geographen des Altertums, der zur Zeit des Augustus und Tiberius schrieb. Er nennt sie Thusnelda[2]. Ein deutscher Altertumsforscher, Göttling, hat die Behauptung aufgestellt und mit großem Scharfsinn zu begründen versucht, daß uns aus dem Altertum eine Porträtstatue Thusneldas überliefert sei. Unter den Statuen nämlich, welche das Innere der „Loggia de Lanzi" auf dem Marktplatze zu Florenz schmücken, fällt eine mehr als lebensgroße marmorne auf und zwar durch den großartigen Ausdruck tiefer Schwermut, welche über ihre ganze Gestalt hingegossen ist. Die Florentiner kannten sie früher unter dem Namen der Göttin des Schweigens. Gegenüber anderen Archäologen wies der Franzose Mongez nach, daß diese Statue eine von den Römern gefangene und im Triumph aufgeführte „Bar=

---

[1] Scherr, Thusnelda. Menschl. Tragik, I, p. 32/50. Göttling, Thusnelda u. Thumelikus, in gleichzeitigen Bildnissen nachgewiesen. 1856.

[2] Θουσνέλδα. Strabo VII, 1, 4.

barin" darstelle. Das Gesicht ist nicht von hellenischem oder römischem, sondern von germanischem Schnitt, und der etwas vorgeneigte Kopf scheint sich unter der Wucht eines herben Geschickes zu beugen. Schwermutsvoll in sich versunken steht die Gestalt da. Die linke Brust, sowie beide Arme sind bloß, und diese Blöße wie auch die Gewandung der übrigen Gestalt entspricht ganz der von Tacitus gegebenen Schilderung, welcher Art die germanischen Frauen sich trugen[1]. Hat Göttling das Richtige getroffen, so war Thusnelda, die Tochter des Segestes, eine schöne Frau. Aber auch ohnedies: wäre sie häßlich gewesen, so hätte Arminius sie sicherlich gemütsruhig dem Bräutigam überlassen, welchem ihr Vater Segestes sie bestimmt hatte[2], und hätte seinen von wahrhaft weltgeschichtlicher Bedeutung gewordenen Entwürfen nicht die zur Durführung eines Romans nötige Zeit abgemüßigt[3]. Zweifelsohne ist Thusnelda nach den Formen des altdeutschen Brautkaufs[4] von ihrem Vater einem Manne verlobt gewesen, den sie nicht haben will. Sie verzehrt sich darüber nicht in nutzlosen Thränen, sondern läßt sich entschlossen von dem Manne entführen, den ihr Vater haßt, den sie aber liebt, von Arminius. Aber Segestes besaß — soweit konnte sich das undankbare Volk bereits vergessen — Macht genug, in der durch die Entführung hervorgerufenen Fehde, den beneideten und gehaßten Schwiegersohn samt seiner Gattin gefangenzunehmen. Ihre Gefangenschaft muß bis ins Jahr 15 n. Chr. hinein gewährt haben, da bei den schonungslosen Raubzügen gegen die Chatten und Marser dem Widerstande der Germanen gegen Roms erneute Eroberungsversuche Seele und Führung fehlte. Er wurde wieder frei, als es dem Gefolge Armins gelang, auch Segest in seine Hände zu bekommen, der dann gegen Armin

---

[1] Tac. Germ. 17.
[2] Tac. ann. I, 55: quod Arminius filiam ejus alii pactam rapuerat.
[3] Scherr, a. a. O. p. 34.
[4] Tac. Germ. 18.

ausgewechselt sein wird[1]. Sofort war es Armins erstes Beginnen, auch seine Gattin zu befreien, welche in der Gewalt ihres Vaters zurückgeblieben war. Er belagerte alsbald den befestigten Wohnsitz des Segestes. Allein diesem gelang es, Gesandte um Hülfe an den Germanicus zu entsenden. Beigegeben hatte er ihnen seinen Sohn Segimundus, der nicht ohne Bedenken diese Mission übernahm, da er es war, der seiner Zeit unter Zerreißung seiner Priesterbinde den Altar der Ubier verlassen und sich den Aufständischen angeschlossen hatte. Doch da man ihm Vertrauen auf die Gnade der Römer eingeflößt hatte, überbrachte er die Aufträge seines Vaters. Er wurde zwar wohlwollend aufgenommen, durfte aber nicht wieder heimkehren, sondern wurde unter sicherer Bedeckung auf das gallische Ufer gebracht und später zu Rom im Triumph mitaufgeführt. Germanicus zauderte nicht, dem Bedrängten den erbetenen Entsatz zu bringen. Segestes wurde befreit mit einer großen Schar von Verwandten und Mannen. Die unglückliche Thusnelda fiel dem römischen Sieger in die Hände, der den kostbaren Fang nicht wieder freigab. Als sie vor ihn geführt wurde, trat sie, so erzählt Tacitus[2], vor, mehr von des Gatten als des Vaters Geiste beseelt. Keine Thräne entrang sich ihr, kein bittendes Wort; die Hände über der Brust gefaltet, schaute sie stumm auf ihren ungeborenen Sohn[3].

Zugleich erschien Segestes selbst, eine ungeheuere Gestalt, ohne Furcht, im Bewußtsein seiner römischen Treue. Er hielt bei dieser Gelegenheit eine Rede an seinen römischen Protektor, die Tacitus in die Worte kleidet[4]: „Nicht ist dies der erste Tag, an dem ich fest und ohne zu wanken dastehe in der Treue

---

[1] Tac. ann. I, 58: ceterum et inieci (Segestes) catenas Arminio et a factione eius iniectas perpessus sum.

[2] Tac. ann. I, 57: mariti magis quam parentis animo, neque victa in lacrimas neque voce supplex.

[3] Mit diesem glücklich gewählten Ausdruck hat Luden das plumpe gravidum uterum intuens des Tac. wiedergegeben.

[4] Tac. ann. I, 58.

gegen das römische Volk. Seit ich von Augustus mit dem Bürgerrecht beschenkt bin, habe ich Freunde und Feinde nur im Hinblick auf euren Vorteil gewählt; und das nicht aus Haß gegen mein Vaterland — sind die Verräter doch auch bei denen, deren Partei sie ergreifen, scheel angesehen —, sondern weil ich glaubte, daß den Römern und den Germanen ein und dasselbige förderlich und Friede besser denn Krieg sei. So habe ich denn ihn, der meine Tochter raubte, der frevelnd euren Bund brach, Arminius, bei Varus, der damals das Heer befehligte, angeklagt. Als mich des Feldherrn Saumseligkeit auf weiteres vertröstete, da verlangte ich, weil bei den Gesetzen kein Schutz zu finden war, dringend, er solle mich, Arminius und die Mitverschworenen binden. Zeuge ist mir jene Nacht — o wäre sie meine letzte gewesen! Was weiter erfolgte, ist eher zu beweinen als zu verteidigen. Übrigens habe ich Arminius in Ketten gelegt und mir Ketten von seiner Partei anlegen lassen müssen; und nun, bei der ersten Gelegenheit, dich zu erreichen, ziehe ich das alte dem neuen, die Ruhe dem Sturme vor: nicht um einer Belohnung willen, sondern um mich zu befreien von dem Verdachte der Treulosigkeit, zugleich als ein geeigneter Vermittler für den Stamm der Germanen, wenn er Reue lieber will als Verderben. Für den jugendlichen Fehltritt meines Sohnes bitte ich um Nachsicht; meine Tochter — ich gestehe es — ist nur durch Zwang hierher geführt, und an dir ist es, zu überlegen, was mehr gilt, daß sie des Arminius Gattin oder meine Tochter ist."

Germanicus versprach dem Segestes in einer gnädigen Antwort Sicherheit seiner Kinder und Verwandten, und da er selbst jedenfalls im Cheruskerlande weiter zu bleiben sich nicht getraute, ließ er ihm einen Wohnsitz in Gallien anweisen, von wo er später nach Rom kam.

Arminius versuchte in wildem Schmerze alles, um das über ihn hereingebrochene Unheil zu wenden. Daß seine Gattin ihm entrissen sei, daß seiner Gattin Leib die Sklaverei tragen sollte, trieb ihn zu wahnsinniger Wut. Er flog hin und her durch das Cheruskerland und rief zu den Waffen wider Segestes und wider die Römer. Auch ihm legt der römische Historiker die Worte in den Mund, die der Stimmung seines Herzens entsprachen [1]:

Das sei ein vortrefflicher Vater, ein großer Feldherr, ein tapferes Heer, die mit ihren zahllosen Armen ein einziges schwaches Weib fortgeschleppt hätten. Ihm seien drei Legionen, ebensoviele Legaten unterlegen. Denn nicht mit Verrat, noch gegen schwangere Frauen, sondern in offenem Kampfe gegen Bewaffnete führe er Krieg. Noch seien in den Hainen der Germanen die römischen Feldzeichen zu sehen, die er zu Ehren der heimischen Götter aufgehängt habe. Möge immerhin Segestes das geknechtete Ufer bewohnen, möge er immerhin dem Sohne zu seinem Priestertume verhelfen, das eine würden die Germanen nimmer zu entschuldigen vermögen, daß sie zwischen Elbe und Rhein Ruten und Beile und die Toga gesehen hätten. Andere Stämme, welche römische Herrschaft nicht kennten, hätten römische Strafen nie gefühlt und wüßten nichts von Abgaben. Da sie das alles von sich abgeschüttelt, da unverrichteter Sache jener den Göttern zugesellte Augustus, jener vor allen auserkorene Tiberius abgezogen sei, möchten sie nicht vor einem unerfahrenen Jünglinge, vor einem aufsäßigen Heere beben. Wenn sie das Vaterland, die Väter, die alten Satzungen mehr liebten, als Zwingherren und neue Kolonieen, möchten sie sich lieber von ihm zu Ehre und Freiheit, als von Segestes zu schmählicher Knechtschaft führen lassen.

Wohl hatten solche Reden Erfolg; denn nicht allein die Cherusker, sondern auch die angrenzenden Stämme rüsteten. Auch Inguiomerus, der Oheim des Arminius, welcher bei den Römern in altbegründetem Ansehen stand, trat jetzt auf ihre Seite [2]. Aber Thusnelda war nicht mehr zu retten. Sie wurde

---

[1] Tac. ann. I, 59.
[2] Tac. ann. I, 60.

als Gefangene nach Rom gebracht und gebar dort einen Sohn, welchen die Römer Thumelicus nannten.

In der Triumphalprozeffion[1], welche dann am 27. Mai des Jahres 17 n. Chr. zu Rom in Scene ging, mußte auch Thusnelda mit ihrem dreijährigen Sohn und ihrem Bruder Segimund und vielen anderen germanischen Edlen[2] in Feffeln vor dem Wagen des Triumphators einhergehen. Der Verräter Segestes beging dabei die namenlose Infamie, von einem angewiesenen Ehrenplatze aus — „weil er zu uns übergelaufen war"[3], sagt Strabo — zuzusehen.

Der schwer geprüften Frau geschah noch das bitterste: ihr Sohn wurde ihr entriffen, um in Ravenna erzogen zu werden. Da mag ihr wohl das Herz gebrochen sein. Im Römerreiche ist sie gestorben, wie und wann, wiffen wir nicht — hoffentlich bald!

Was aus Thumelicus geworden, können wir nur vermuten. Tacitus, nachdem er gemeldet, daß Thumelicus in Ravenna erzogen worden[4], fügt hinzu: „Zu welchem Hohn des Geschickes er aufgespart war, werde ich später erwähnen[5]." Allein dieser Bericht ist nicht vorhanden, da der Teil der taciteischen Schriften, in welchem er vorkommen sollte, verloren ist. Das Wahrscheinlichste ist, daß Thusneldas Sohn in der Gladiatorenschule zu Ravenna zum Fechtersklaven abgerichtet wurde, vielleicht um als solcher, er, der Sohn des Arminius, im Zirkus dem vornehmen und geringen römischen Pöbel zum pikanten Spektakel zu dienen.

---

[1] Tac. ann. II, 41: C. Caelio L. Pomponio consulibus Germanicus Caesar a. d. VII kal. Junias triumphavit de Cheruscis.

[2] Die sämtl. Namen gibt Strabo VII, 1.

[3] Strabo VII, 1: Σεγέστης λαβὼν καιρὸν ηὐτομόλησε καὶ τῷ θριάμβῳ παρῆν τῶν φιλτάτων, ἐν τιμῇ ἀγόμενος.

[4] Tac. ann. I, 58. Arminii uxor virilis sexus stirpem edidit: educatus Ravennae puer.

[5] Tac. ann. I, 58: quo mox ludibrio conflictatus sit, in tempore memorabo.

Alt ist auch Thumelicus nicht geworden; denn als i. J. 47 n. Chr. die Cherusker sich von Rom einen König erbaten, da war nur noch einer aus dem königlichen Stamme des Arminius übrig, Italicus, des Flavus Sohn[1].

---

[1] Tac. ann. XI, 16: uno reliquo stirpis regiae, qui apud urbem habebatur nomine Italicus.

VI.
Die Idistavisoschlacht.

Für den Feldzug des Jahres 16 n. Chr. traf Germanicus bedeutende Vorkehrungen. Um die endlosen Wege mit ihren Wäldern und Sümpfen zu vermeiden, um nicht genötigt zu sein, einen langen Gepäckzug, der schon oft mancherlei Schwierigkeiten verursacht hatte, mitzuführen, faßte er den Entschluß, diesmal den Seeweg einzuschlagen, um durch die Mündung der Ems leichter, gefahrloser und schneller ins Herz von Germanien zu gelangen. Tausend Schiffe schienen ihm dafür hinreichend zu sein; sie wurden schleunigst angefertigt. Das Rheindelta sollte der Sammelplatz für das Heer und die Transportflotte sein.

Während der Vorbereitungen traf die Nachricht ein, daß das Lippekastell (Aliso) belagert werde. Um die Chatten zu beschäftigen, sendet Germanicus den Legaten Silius mit auserwählter Mannschaft dorthin, während er selbst einen raschen Vorstoß mit sechs Legionen nach Aliso macht. Auf das Gerücht von dem Herannahen der Römer wichen die Belagerer zurück und gaben ihnen auch keine Gelegenheit zu einer Schlacht. Doch hatten sie den Grabhügel, der den Legionen des Varus errichtet worden war, sowie den alten Drususaltar zerstört. Den Altar stellte Germanicus wieder her und hielt in eigener Person mit den Legionen zu Ehren seines Vaters dort eine Leichenparade ab. Den Grabhügel zu erneuern schien ihm aber nicht ratsam; jedenfalls wollte er sich nicht in neue Gefahren begeben und auch den kurzen Vorstoß nicht weiter ausdehnen[1].

Nach seiner Rückkehr war alles bereit, die Einschiffung des Heeres vorzunehmen. Die Fahrt ging alsdann durch den sogenannten Drususkanal, durch welchen Drusus den Rhein mit der Yssel verbunden und diese bis zur Mündung erweitert hatte[2], durch den Ozean zur Ems. Dort verblieb die Flotte, während Germanicus mit dem Heere auf dem linken Ufer weiter marschierte. Mittelst einer Brücke setzte er über den Fluß und marschierte dann nördlich von den Mooren und Waldgebirgen[3] bis an die Weser, deren Laufe er auf dem linken Ufer folgte[4], bis das Land gebirgig zu werden anfing. In der Gegend des heutigen Minden etwa machte er Halt und schlug ein Lager auf. Hier trat ihm dann das Aufgebot der Germanen unter Anführung des Arminius entgegen. Die Weser strömte zwischen den Römern und den Cheruskern. Arminius nebst seinem Gefolge trat an das Ufer und fragte, ob der Cäsar Germanicus gekommen sei. Nach einer bejahenden Antwort bat er, man möge ihm eine Unterredung mit seinem Bruder verstatten. Dieser befand sich bei dem römischen Heere und erschien auch auf dem anderen Ufer. Arminius begrüßte ihn und verlangte die Entfernung der römischen Bogenschützen. Sie geschah, und nun entwickelte sich zwischen beiden Brüdern ein Gespräch, in dem so recht der Zwiespalt der Parteien in zwei hervorragenden Fürsten zum Ausdruck kam. Der Inhalt desselben wird wohl von Flavus mitgeteilt und so zur Kenntnis des römischen Historikers gelangt sein[5].

Zunächst fragte Arminius, woher des Flavus Gesicht so entstellt sei. Er hatte, wie bereits erwähnt, in einer früheren

---

[1] Tac. ann. II, 7.
[2] Suet. Claudius 1.
[3] Wie aus Tac. II, 5 hervorgeht, wollte er diese vermeiden.
[4] Den Marsch bis dahin übergeht Tacitus, weil er nichts von Bedeutung bot.
[5] Tac. ann. II, 10.

Schlacht ein Auge verloren. Als Flavus ihm den Ort der Schlacht genannt hatte, erkundigte sich Arminius nach der empfangenen Belohnung. Flavus nannte seine Solderhöhung, die Kette, den Kranz und andere Dienstauszeichnungen. Da höhnt Arminius: wie billig doch die Knechtschaft zu kaufen sei! So redeten sie weiter gegeneinander: jener von der Größe des römischen Volkes und der Macht des Feldherrn, wie der Besiegte schwere Strafen, wer sich zur Ergebung entschließe, Gnade zu erwarten habe; er erwähnt auch, daß Thusnelda und ihr Sohn nicht als Feinde behandelt würden; dieser, Arminius, redet von des Vaterlandes Recht, von der angestammten Freiheit, von Germaniens heimischen Göttern; die Mutter vereine ihre Bitten mit den seinigen, er möge doch nicht länger aus eigener Wahl sein Haus, seine Verwandten, ja seinen ganzen Stamm verlassen und verraten, anstatt ihr Herr und Führer zu sein.

Allmählich kam es unter ihnen zu heftigen Scheltworten, und selbst der Fluß, der zwischen ihnen lag, würde sie nicht verhindert haben, handgemein zu werden, wenn nicht Stertinius schnell herbeigeeilt wäre und den Flavus, der zornerfüllt sein Pferd und seine Waffen forderte, zurückgehalten hätte. Auch Arminius gegenüber drohte und kündigte laut eine Schlacht an.

Am folgenden Tage stellte er dann auch die Germanen jenseits der Weser in Schlachtordnung auf. Da noch keine Brücke geschlagen war, hielt Germanicus seine Legionen noch zurück, ließ aber die Reiterei an einer seichten Stelle über die Weser rücken und an zwei verschiedenen Punkten angreifen. An der reißendsten Stelle des Flusses drang Chariovalda, der Anführer der Bataver, stürmisch vor. Diesen lockten die Cherusker, in verstellter Flucht weichend, in eine von waldigen Höhen umschlossene Ebene. Plötzlich machten sie Kehrt und drangen von allen Seiten auf ihn ein. Unaufhaltsam wurden die Bataver zurückgeworfen und die Fliehenden verfolgt. Bei dem Versuche, sich durchzuschlagen, fiel Chariovalda, von Pfeilen überschüttet, und viele Edle mit ihm. Durch die Hülfe der herbeigeeilten Reiterei gelang es dem Rest, zu entkommen.

Die Jdistavisoschlacht.

Unterdessen hatte Germanicus die Weser überschritten und aus der Angabe eines Überläufers den Ort erfahren, welchen Arminius zum Kampfe ausgewählt hatte. In dem heiligen Walde daselbst, hatte der Überläufer berichtet, seien auch andere Stämme zusammengekommen und würden bei Nacht einen Sturm auf das Lager wagen. Man konnte dem Angeber glauben; denn man sah in der Ferne Wachtfeuer aufleuchten, und zudem brachten Kundschafter, die sich näher herangeschlichen hatten, die Nachricht, man höre das Schnauben der Pferde und das dumpfe Lärmen einer ungeheueren ordnungslosen Menschenmasse. Da die gefahrvolle Stunde der Entscheidung näher rückte, war dem Feldherrn daran gelegen, die Stimmung seiner Soldaten zu erkunden. Mit einem einzigen Begleiter durchwanderte er deshalb das Lager und konnte sich von der hohen Beliebtheit, die er genoß, und von der Kampfbegierde, die die Soldaten erfüllte, persönlich überzeugen. In seiner Verkleidung blieb er unerkannt. Mittlerweile sprengte ein der lateinischen Sprache kundiger germanischer Reiter an den Wall und machte in Arminius' Namen den Überläufern verlockende Versprechungen. Dadurch wurde der Zorn der Legionen noch mehr entflammt. Mit Ausnahme eines leichten Angriffs verlief die Nacht ruhig. Sie brachte dem Germanicus einen glückverheißenden Traum, und in gehobener Stimmung berief er am anderen Morgen die Soldaten zur Versammlung. Er hielt eine auf die bevorstehende Schlacht berechnete Ansprache, erteilte ihnen Anweisungen zum Gebrauch der Waffen gegenüber den Germanen und stellte ihnen vor, daß es an ihnen liege, jetzt das Ende des Krieges herbeizuführen. Auch dem Arminius leiht Tacitus nach der Weise antiker Geschichtschreibung beredte Worte[1]: das seien die Römer, die in Varus' ganzem Heere das Laufen am besten verstanden hätten; sie möchten sich nur erinnern an ihre Habsucht, ihre Grausamkeit und ihren Übermut: ob noch etwas anderes ihnen übrig bliebe, als entweder die Freiheit zu behaupten, oder zu sterben vor der Knechtschaft?

---

[1] Tac. ann. II, 15.

Nach der Ebene, welche den Namen Idistaviso[1] führte, ist die nun anhebende Schlacht benannt worden. Dort an der Weser unweit der Porta stand die Masse des germanischen Heeres am Rande des Waldes. Nur die Cherusker hielten die Höhen im Hintergrunde besetzt, um sich während der Schlacht auf die Römer zu werfen. Sie brachen aber zur Unzeit hervor und wurden von dem tüchtigsten Teile der römischen Reiterei in der Flanke gefaßt, von einem anderen Teile unter Führung des Stertinius umgangen. Gleichzeitig geht auch Germanicus mit den Legionen in Schlachtordnung vor. Stertinius drängte mit seinen Schwadronen die vorstürmenden Cherusker und die am Waldesrande aufgestellten germanischen Heerhaufen weiter vorwärts in die Ebene; die Legionen schlugen dagegen die in der Ebene aufgestellte germanische Schlachtreihe zurück, so daß eine doppelte Fluchtbewegung entstand. Hoch unter dem cheruskischen Aufgebot hervorragend, suchte Arminius vergeblich durch Gewalt, durch Zuruf, durch Hindeuten auf seine Wunde die Schlacht zu halten. Als alles vergeblich ist, versucht er selbst durchzubrechen. Getragen von einem wilden, feurigen Rosse, das Gesicht mit seinem Blute beschmiert, um nicht erkannt zu werden, gelang es ihm, zu entkommen. Ein schöner Zug von deutschem Nationalgefühl wird bei dieser Gelegenheit noch berichtet[2], indem nämlich die Chauken, welche unter den römischen Hülfstruppen standen, den Vorkämpfer germanischer Freiheit erkannt und ihn durchgelassen haben sollen. Auch Inguiomerus entrann dem nun folgenden Blutbade, das unter den Flüchtlingen angerichtet wurde. Die Römer glaubten einen glänzenden Sieg errungen zu haben und errichteten aus den erbeuteten Waffen eine stattliche Trophäe, der sie die Namen der besiegten Stämme einfügten, und riefen

---

[1] Tac. ann. II, 16: in campum, cui Idistaviso nomen. Idistaviso ist Nom., da Tacitus in dieser Verbindung den Nom. nur bei Adjektiven hat. Der Ort ist näher nicht zu bestimmen, als daß er in der Gegend von der Porta bis Hameln zu suchen ist. Höfer (der Feldzug i. J. 16) verlegt völlig abweichend von der bisherigen Ansicht die Schlacht auf das linke Weserufer.

[2] Tac. ann. II, 17.

als Zeichen einer gewonnenen Hauptschlacht den Tiberius, an dessen Stelle Germanicus befehligte, als Imperator aus.

Trotz dieses Sieges trat Germanicus den Rückzug an[1], obwohl es in seiner Absicht lag, nach dem Vorgang seines Vaters und Oheims als Sieger durch das Cheruskerland bis zur Elbe vorzubringen[2]. Die Germanen dachten ihrerseits durchaus nicht an Unterwerfung. Sie baten nicht um Frieden; ihr Land wurde nicht mit Mord und Brand heimgesucht; kein vornehmer Cherusker aus dieser Schlacht schmückte später den Triumphzug des Germanicus. Die Germanen brannten vielmehr, die nicht zu bestreitende Niederlage wettzumachen, und die Römer hatten schon bald Gelegenheit, den errungenen Sieg für nicht so glänzend und vernichtend zu halten. Alt und jung, vornehm und gering eilte zu den Waffen, und kurze Zeit nachher konnte bereits ein ungeheures germanisches Heer eine neue blutige Schlacht am Angrivarenwalle schlagen. Die Örtlichkeit ließ beiden Heeren keinen Ausweg, und nur auf dem Siege beruhte die Hoffnung beider, auch des römischen Heeres. Was hatte ihm also der vorige Sieg für Nutzen gebracht? Wenigen, oder keinen. So wenig war von dem gerühmten großen und glänzenden Siege geblieben[3]. Die Germanen umschloß ein Sumpf, die Römer ein Fluß und Gebirge. Zwischen der Weser und Ems sind daher zwei Flüsse zu berücksichtigen: die Hase und die Hunte. Auf erstere paßt das gebirgige Terrain nicht, so daß im Gebiet der Hunte, da, wo sie das Gebirge berührt, vielleicht das Schlachtfeld zu suchen ist. Bei der Ungenauigkeit der taciteischen Schlachtberichte ist zweifellose Sicherheit bei Bestimmung des Ortes kaum

---

[1] Die Angrivaren hatte er vorher im Rücken gehabt. Nach Tac. ann. II, 19 fand diese zweite Schlacht an ihren Grenzen statt, was eine Rückwärtsbewegung voraussetzt.

[2] Tac. ann. II, 14: propiorem iam Albim quam Rhenum, neque bellum ultra, modo se, patris patruique vestigia prementem, isdem in terris victorem sisterent.

[3] Tacitus selbst sagt (ann. II, 45), daß im folgenden Jahre der vetus miles des Arminius gegen Marbod kämpfte.

zu erreichen. Die Germanen hatten, wie früher bei Cäcina, versucht, den Römern den Rückzug abzuschneiden, und zu diesem Zwecke den sperrenden Grenzwall mit ihrem Fußvolk besetzt; die Reiterei dagegen hatten sie in den nahen Wäldern verborgen, um den Römern in den Rücken zu fallen. Auch diesmal wurde dem Germanicus der ganze Plan hinterbracht. Trotzdem wurde ihm der Sieg sehr schwer gemacht. Einmal mußten die im Sturm gegen den Grenzwall geführten Legionen wieder zurückgezogen werden und konnten erst, nachdem die Geschütze und leichten Truppen die Reihen der Verteidiger gelichtet, den Wall nehmen. Damit war die Schlacht zu Gunsten der Römer entschieden. Eine Legion wurde beordert, das Lager fertigzustellen, während die übrigen Schritt für Schritt von den weichenden Germanen erkämpften, bis die Nacht der Blutarbeit ein Ende machte. Die römische Reiterei hatte keine Erfolge zu verzeichnen. Arminius war bei diesem Kampfe nicht zugegen, vielleicht behindert durch die in der Idistavisoschlacht empfangene Wunde[1]. Sein Oheim Inguiomerus führte an seiner Stelle den Befehl und focht mit höchster persönlicher Tapferkeit; aber das Glück ließ ihn im Stich.

Ein zweites Tropaeum sprach von der Niederwerfung aller germanischen Völker zwischen Rhein und Elbe, mit mehr Großsprecherei als wirklichem Erfolge. Mit einer empfindlichen Einbuße an Schiffen und Leuten durch die Herbststürme, welche in der Nordsee wüteten, kam Germanicus zum Rheine zurück[2].

Mit einem Streifzuge gegen die Chatten und Marser, die auf das Gerücht von dem Unfall des Germanicus wieder unruhig geworden waren, schließt das Jahr 16 ab[3]. Bei den Marsern wurde damals der zweite Adler, der in der Varusschlacht verloren gegangen war, wiedergewonnen. Er war in einem Haine vergraben und wurde von einer nicht sonderlich starken

---

[1] Tac. ann. II, 21: inprompto iam Arminio ob continua pericula, sive illum recens acceptum vulnus tardaverat.

[2] Tac. ann. II, 23. 24.

[3] Tac. ann. II, 25.

Mannschaft bewacht. Durch den Verrat eines marsischen Anführers, Mallovendus, der sich seit kurzem den Römern ergeben hatte, erhielten die Römer davon Kenntnis und brachten nach leichtem Kampfe den Adler wieder an sich. Der erste war im vergangenen Jahre den Bructerern abgenommen worden. Die Wiedereroberung des dritten Adlers erfolgt im Jahre 41 ebenfalls bei den Marsern.

Im folgenden Jahre, 17 n. Chr., kehrte Germanicus nach Rom zurück, wo er mit großer Begeisterung aller Stände empfangen wurde und einen überaus glänzenden Triumph feierte[1]. Vor seinem Triumphwagen schritten die Gattin des Arminius, Thusnelda, und ihr Sohn Thumelicus, ihr Bruder Segimund und viele andere namhafte Gefangene aus den verschiedensten germanischen Stämmen.

Des Tiberius verständige Politik gestattete keine weiteren Eroberungskriege; er hielt es für genügend, die Germanen ihren eigenen Leidenschaften und ihrem inneren Hader zu überlassen. Und darin täuschte er sich nicht.

---

[1] Tac. ann. II, 41.

VII.
Arminius und Marbod.

Die Richtigkeit der kaiserlichen Politik bestätigte schon bald der Sturz des mächtigsten der germanischen Reiche und des mächtigsten Fürsten in Germanien, lediglich durch germanische Waffen und römische Diplomatie herbeigeführt. Es war der Sturz des Marbod. Er entstammte dem suevischen Volke der Marcomannen und war früh nach Rom geschickt worden, um am Hoflager des Kaisers Augustus erzogen zu werden. Als er von dort zurückkehrte, saßen die Germanen noch am Neckar und Main, vermochten sich aber gegen die vordringende römische Macht nicht länger zu behaupten. Daher beschloß Marbod, mit der marcomannischen Macht weiter nach Osten zu ziehen. Er führte sie nach Böhmen und gründete dort das große marcomannische Reich. Bald unterwarf er auch die suevischen Völkerschaften der Hermunduren, Langobarden und Semnonen, so daß sich seine Macht von der Donau bis an die Elbe erstreckte. Seine römisch gefärbte, straff militärisch zusammengehaltene, zum Teil auf Eroberung gegründete Königsherrschaft wurde nicht einmal von den eigenen Angehörigen gern ertragen. Der römische Absolutismus, wie er in Marbod zur Erscheinung kam, die kühle

Neutralität, die er bei der nationalen Erhebung beobachtet hatte, waren die Gründe für die Empörung gegen seine Gewaltherrschaft. Nicht das Königtum als solches — es gab von jeher Könige bei manchen Germanen —, sondern die absolute Form desselben erbitterte die germanischen Völker und machte Marbod verhaßt, während Arminius in allgemeiner Gunst stand, weil er für den Vorkämpfer der germanischen „Freiheit", d. h. der althergebrachten Verfassungszustände, gehalten wurde [1]. Mit Sicherheit ist anzunehmen, daß Arminius bestimmte Ideen und Pläne der Centralisierung hatte und das Königtum anstrebte aus wohlbegründeter Erkenntnis der notwendigen Einheit. Ihm stand Marbod entgegen, und diesem Dualismus mußte ein Ende gemacht werden. Sobald daher die Sueven die Cherusker um ihren Beistand angingen, zögerte Arminius nicht, ihnen zu willfahren. Alsbald fielen ihm auch die Semnonen und Langobarden zu. Nun hätte Arminius die Übermacht gehabt, wenn nicht sein greiser Oheim Inguiomerus mit seinen Cheruskern zu Marbod übergegangen wäre [2], aus keinem anderen Grunde, als weil er es unter seiner Würde achtete, als Oheim und alter Mann dem Jünglinge zu gehorchen. Das hätte für Arminius ein deutlicher Fingerzeig sein können, wie es in Wirklichkeit mit der geplanten deutschen Einheit bestellt war.

Der erste Zusammenstoß erfolgte im mittleren Germanien, vielleicht zwischen Saale und Elbe. Hier zeigte es sich, daß die Germanen im Kampfe gegen die Römer etwas gelernt hatten. Nicht, wie es einst bei ihnen Brauch war, griffen sie planlos hie und da oder in vereinzelten Heerhaufen an, sondern in regelrechter Schlachtordnung mit gedeckter Nachhut, der Befehle des

---

[1] Tac. ann. II, 44: Arminium pro libertate bellantem favor habebat.
[2] Tacitus mag irren mit der Annahme, der Übertritt des Inguiomerus habe den Abfall zweier Völker (darunter der mächtigen Semnonen mit ihren 100 Gauen) aufgewogen: immerhin zeigt die Aufstellung, welche erhebliche Macht die Römer einem oder einem paar cheruskischer Gaue beilegten.

Feldherrn gewärtig. Vor Beginn der Schlacht läßt Tacitus beide Feldherrn ermunternde Worte an ihre Krieger richten. Arminius, der zu Roß alles durchmusterte, sprach zu denen, an die er gerade heranritt, von der wiedererkämpften Freiheit und von den niedergehauenen Legionen. Er wies hin auf die Waffen und Geschosse der Römer, die noch in vieler Hände waren. Einen Flüchtling hingegen nannte er Marbod. Keine Schlacht habe er gesehen; des hercynischen Waldes Schlupfwinkel habe er seine Verteidiger sein lassen und durch Geschenke und Gesandte einen Vertrag erbettelt. Ein Verräter des Vaterlandes, ein Trabant des Cäsar sei er, und mit derselben Erbitterung müsse er aus dem Lande gejagt werden, mit der sie den Varus getötet hätten. Sie möchten nur zurückdenken an so viele Schlachten: ihr Ausgang und zuletzt die Vertreibung der Römer habe hinlänglich gelehrt, wessen Werk des Krieges endliche Entscheidung gewesen sei[1].

Marbods Anrede entbehrt aller großen Momente; sie ist voll Selbstlob und voll Schmeichelei gegen Inguiomerus. Letzteren faßte er bei der Hand und sagte, auf diesem Haupte ruhe aller Ruhm der Cherusker. Seine Ratschläge hätten in allem, was glücklich ausgefallen sei, gewaltet. Arminius, ein toller Mensch und ohne Erfahrung, ziehe fremden Ruhm auf sich, weil er drei arglose Legionen und einen Feldherrn, der von Trug nichts wußte, mit seiner Falschheit hintergangen habe, zum großen Schaden Germaniens und zu seiner eigenen Schande, da seine Gattin, da sein Sohn noch das Sklavenjoch trage. Er aber habe, von zwölf Legionen unter Tiberius' Führung angegriffen, unbefleckt der Germanen Ruhm bewahrt[2].

Dann erfolgte der Zusammenstoß der gewaltigen Massen. Beide rechte Flügel wurden geschlagen und Marbod genötigt, den Kampf aufzugeben und sich auf die Höhen zurückzuziehen.

---

[1] Tac. ann. II, 45.
[2] Tac. ann. II, 46.

Dadurch hielt man ihn für besiegt und ging massenhaft zu Arminius über, so daß Marbod in das marcomannische Gebiet zurückwich und die Hülfe Roms anrief. Tiberius antwortete seinen Gesandten, er habe keinen Grund, die römischen Waffen anzurufen, da er die Römer, als sie gegen denselben Feind kämpften, auch nicht unterstützt habe. Das war der endliche Lohn seiner Neutralitätspolitik. Dem Tiberius konnte diese innere Zwietracht und die Bitte um römische Einmischung rechte Genugthuung gewähren. Er beauftragte seinen Sohn Drusus, der in Illyricum weilte, die bedrohten Grenzen zu beobachten. Dieser schürte die Zwietracht unter den Germanen weiter in der geheimen Absicht, den Marbod, dessen Kraft schon gebrochen war, vollends ins Verderben zu stürzen. So ereilte ihn sein Geschick.

Ein vornehmer Jüngling, des Namens Catualda, hatte einst vor der Gewaltherrschaft Marbods flüchten müssen und ein Unterkommen bei dem benachbarten Volke der Gotonen gefunden. Dieser suchte nun, als er die mißliche Lage Marbods erfuhr, Rache an ihm zu nehmen[1]. Mit einem ansehnlichen Gefolge rückte er in das Gebiet der Marcomannen ein und brachte die Vornehmen des Landes durch Bestechung auf seine Seite[2]. Er bemächtigte sich darauf der Hauptstadt und der königlichen Burg. Marbod, der sich von allen verlassen sah, nahm seine Zuflucht zu der Barmherzigkeit der Römer. Tiberius bot ihm einen Wohnsitz in Italien an und setzte bei dieser Gelegenheit im Senat ausführlich die Politik, die er dem marcomannischen Könige gegenüber eingeschlagen, die klugen Pläne zu seiner Vernichtung auseinander[3]. Marbod beschloß sein durch römische Wohlthaten gefristetes Leben nach 18 Jahren unrühmlich zu Ravenna. Er

---

[1] Tac. ann. II, 62.
[2] Tac. ann. II, 62: corruptis primoribus ad societatem. Sollte nicht römisches Geld hier eine Rolle gespielt haben?
[3] Es ist zu bedauern, daß diese Rede, welche Tacitus noch gelesen hat (vgl. ann. II, 63), nicht mehr vorhanden ist.

alterte, sagt Tacitus von ihm[1], in sehr geschwächtem Glanze, weil er zu sehr sein Leben liebte.

Ein ähnliches Los traf seinen Gegner Catualda. Er wurde nicht lange nachher vertrieben und fand Gnade bei den Römern. Sie wiesen ihm Forum Julium, das heutige Frejus, eine Kolonie im narbonensischen Gallien, als Wohnsitz an. Wie er geendet, ist nicht überliefert.

---

[1] Tac. ann. II, 63: consenuitque multum imminuta claritate ob nimiam vivendi cupidinem.

VIII.

Arminius' Tod.

Die Ereignisse der letzten Zeit mußten Arminius belehren, daß der germanische Staat den veränderten Zuständen nicht mehr entsprach. Eine Zusammenfassung der Kräfte, eine Organisation schien ihm erstrebenswert. Für eine solche gab es aber keinen anderen Namen und keine andere Form für ihn als das Königtum. In seinem Streben danach erwuchs ihm aber der Neid und die Eifersucht der übrigen Edlen des Cheruskervolkes, und auch die große Menge des Volkes selbst leistete hier energischen Widerstand. So wenig reif war das Germanentum zu dem Schritt, welchen es erst zwei Jahrhunderte später vollzog, daß nicht einmal Arminius die verfrühte Idee zu verwirklichen vermochte. Im Namen der „Freiheit" wurde ihm mit Meuchelmord gelohnt.

Schon im Jahre 19 n. Chr. wurde im römischen Senat ein Brief des Chattenfürsten Abgandestrius verlesen, worin er Arminius zu töten versprach, wenn man ihm zur Vollziehung des Mordes Gift schickte. Es soll ihm nach der römischen Darstellung geantwortet worden sein: nicht mit Betrug und Heimlichkeiten, sondern offen und mit Waffen strafe das römische Volk seine Feinde[1].

---

[1] Tac. ann. II, 88. Diese Erzählung fordert den Widerspruch heraus. Tacitus selbst lehnt die Verantwortung dafür ab mit den Worten: „Ich

Was diesem Anschlage mißlang, das brachte die Tücke und Hinterlist seiner eigenen Verwandten zuwege. Mit seinen Neidern und Hassern verschworen, bereiteten sie ihm den Untergang. Als er nach der Königsherrschaft trachtete, berichtet Tacitus über seinen Tod, hatte er den Freiheitssinn seines Volkes gegen sich. Während er, mit bewaffneter Hand angegriffen, mit wechselndem Glücke stritt, fiel er durch Hinterlist seiner Verwandten[1]. Tacitus selbst, der Römer, setzt ihm ein ehrendes Denkmal in den Worten: „Unstreitig der Befreier Germaniens, der nicht die Anfänge des römischen Volkes, wie andere Könige und Feldherren, sondern das Reich in voller Blüte bekämpft hat, in den Schlachten des Erfolges nicht sicher, im Kriege unbesiegt[2]."

Als ein Opfer für die deutsche Freiheit ist er gefallen, fern von seiner Gattin, fern von seinem Sohne, den er nie gesehen, im Jahre 21 n. Chr., erst 37 Jahre alt[3]. Dem hochsinnigen Manne, der das Vaterland von der römischen Fremdherrschaft befreite, der in siebenjährigem Kampfe die Freiheit behauptete, der Leib und Leben, Weib und Kind für seine Nation eingesetzt hat, um schließlich von Mörderhand zu fallen, ihm gab doch sein Volk ein Gedächtnis im Heldenliede[4].

---

finde bei gleichzeitigen Schriftstellern und Senatoren, man habe im Senat einen Brief verlesen . . . . ". Ferner muß die beabsichtigte Ermordung durch Gift Bedenken hervorrufen. Gift brauchte nicht erst aus Rom verschrieben zu werden; Deutschlands Wälder bargen giftige Pflanzen und Beeren genug. Schließlich fährt Tacitus fort: „Durch diese Ehrenthat verglich sich Tiberius mit den alten Imperatoren, welche einen Vergiftungsversuch gegen den König Pyrrhus verboten und verraten hatten." Um sich einer solchen That rühmen zu können, mag der Brief, wenn nicht erfunden, so doch veranlaßt worden sein.

[1] Tac. ann. II, 88: cum varia fortuna certaret, dolo propinquorum cecidit.
[2] Tac. ann. II, 88: liberator haud dubie Germaniae, et qui non primordia populi Romani, sicut alii reges ducesque, sed florentissimum imperium lacessierit, proeliis ambiguus, bello non victus.
[3] Tac. ann. II, 88: septem et triginta annos explevit.
[4] Tac. ann. II, 88: canitur adhuc barbaras apud gentes.

Mit seinem Tode ging auch die Glanzzeit der Cherusker zu Ende, und ein Menschenalter später, 47 n. Chr., hatten auch seine Verwandten in inneren Fehden sich aufgerieben. Denn als die Cherusker sich in diesem Jahre den Italicus, den Sohn des Flavus, von Rom zum Könige erbaten, da war Italicus der letzte Sprößling aus seiner Ahnen königlichem Stamme.

In unsern Tagen ist dem großen Befreier ein vollverdientes Denkmal auf der höchsten Erhebung des Teutoburger Waldes, der Grotenburg, zum Gedächtnis errichtet und i. J. 1875 enthüllt worden. Von der Hand des Bildhauers Ernst von Bandel geschaffen, erhebt sich dort auf einem hohen spitzbogigen Unterbau das mächtige Standbild des jungen Cheruskerfürsten, mit ausgerecktem Schwert über das Land schauend, das in altersgrauer Zeit seiner Großthat Zeuge war.

Printed by Libri Plureos GmbH
in Hamburg, Germany